STANDING IN DESIGNER'S SHOES

美工思维

写给淘宝天猫美工看的设计书

顾领中 ◎ 编著

内 容 提 要

在"互联网+"的时代背景下,淘宝天猫美工(电商设计师)已经成为人才市场上十分紧俏的职业。为了方便更多的读者掌握这门技术或提高自身的核心竞争力,获得更高的薪酬,本书不仅介绍了网店装修公司的网络店铺装修和产品海报的美化设计的真实案例,还分享了如何以运营思维来装修店铺,使店铺的流量和转化率快速上涨。

本书主要内容包括:淘宝美工设计基础知识、淘宝美工设计修养、淘宝宝贝拍摄技法、建立设计素材库、平面与美学设计、图片精修、店铺首页设计与装修、海报设计、详情页设计、手机店铺装修等,最后还安排了详细、完整的店铺设计实战案例,由入门到精通,一步到位!

本书适合广大电商从业者,以及有志于从事淘宝天猫美工、海报设计、商业修图、电商运营、摄影后期制作等工作的人员使用,也可作为中、高等院校相关专业的学生及培训机构的教材。

图书在版编目(CIP)数据

美工思维:写给淘宝天猫美工看的设计书 / 顾领中 编著. — 北京:北京大学出版社,2018.10
ISBN 978-7-301-29829-9

Ⅰ.①美… Ⅱ.①顾… Ⅲ.①网店 — 设计 Ⅳ.① F713.361.2

中国版本图书馆 CIP 数据核字 (2018) 第 193931 号

书 名	美工思维:写给淘宝天猫美工看的设计书
	MEIGONG SIWEI:XIE GEI TAOBAO TIANMAO MEIGONG KAN DE SHEJISHU
著作责任者	顾领中 编著
责任编辑	尹 毅
标准书号	ISBN 978-7-301-29829-9
出版发行	北京大学出版社
地 址	北京市海淀区成府路 205 号 100871
网 址	http://www.pup.cn 新浪微博:@北京大学出版社
电子信箱	pup7@pup.cn
电 话	邮购部 010-62752015 发行部 010-62750672 编辑部 010-62570390
印刷者	北京大学印刷厂
经销者	新华书店
	787 毫米 ×1092 毫米 16 开本 25.5 印张 649 千字
	2018 年 10 月第 1 版 2018 年 10 月第 1 次印刷
印 数	1—4000 册
定 价	99.00 元

未经许可,不得以任何方式复制或抄袭本书之部分或全部内容。
版权所有,侵权必究
举报电话:010-62752024 电子信箱:fd@pup.pku.edu.cn
图书如有印装质量问题,请与出版部联系,电话:010-62756370

前　言

关于本书

应广大读者的强烈要求，在网易云课堂的大力支持下，本书得以与广大读者见面。

本书是一本系统的实战型淘宝天猫店铺装修教程，与以往的培训教材不同的是，本书不仅详细地讲解了网络店铺装修技巧，还分享了如何以运营思维进行店铺装修，以此来提升自己的竞争力，并能够在"互联网+"的时代背景下成为一名出色的电商设计师。

当然，本书有别于我在网易云课堂中的视频，书中专门添加了关于淘宝天猫店铺装修的基础知识，目的就是让读者能够系统地、扎实地学习。

写作目的

从 2009 年开始，每年的"双 11"已然成了全民疯狂购物的"节日"，2017 年更是创下了 1682 亿元的惊人业绩，这也从侧面反映了整个电商创业及就业环境的大好形势。我身边就有一名学生，2012 年花了 3 个月的时间学习了淘宝课程，然后自己在淘宝上经营女士内衣，创业一年就赚了 150 多万元。

如今的淘宝天猫借助大数据变得越来越规范化，这使得店铺获取流量越来越难，成本越来越高。大众的整体审美越来越高，也对淘宝天猫美工提出了更高的要求。怎样去吸引买家？怎样设计图片才能提高转化率？这些都是专业的电商设计师必须掌握的知识。

我希望通过本套课程，让在淘宝上创业的卖家将自己的店铺越做越好，让电商美工从业者能够找到薪资待遇不错的好工作。

主要内容

本书几乎涵盖了淘宝天猫装修、美化所需掌握的全部知识:首图设计、钻展与直通车、详情页设计、手机店铺装修、海报设计及图片精修等,最后还安排了一套完整的店铺设计实战案例,从入门到精通,一步到位!本书共分为16章。

第1章:主要教零基础读者一些基础的设计知识及开店所需要的相关认证资料。

第2章:在进行店铺装修前必须要了解的设计审美与广告图设计的相关知识。

第3章:单反相机的一些基本常识与拍摄的相关技巧。

第4章:怎样借助素材库高效地完成优秀的电商设计作品。

第5章:一个好的电商设计师必须掌握的视觉传达相关知识。

第6章:介绍5种针对不同类型的图片素材的最佳抠图方法。

第7章:怎样让买家瞬间心动?各种修图技巧轮番上阵。

第8章:PC端店铺首页气氛的打造,讲述常规模块的设计。

第9章:如何通过店铺首页增加流量,提升视觉效果?讲述多个营销模块的设计技巧。

第10章:怎样设计符合行业特性的海报?讲述大促落地页海报设计的细节注意点。

第11章:个性宝贝的海报设计思路及方法。

第12章:高效转化的详情页制作思路及制作流程。

第13章:详情页海报设计实战,包括模特图、产品图、细节图、尺码图及关联销售等。

第14章:提供详情页的营销转化,讲述了详情页营销模块的设计方法。

第15章:借助旺铺智能版快速打造一个称心如意的手机店铺。

第16章:从前期策划准备到最终制作一个完整的店铺设计实战案例,巩固前面学习的各个知识点。

在阅读本书时,除个别淘宝、天猫存在一些差异,本书统称为"淘宝"。

本书特色

- 结构清晰,循序渐进:本书不仅是一本淘宝方面的教材,更是一本入行指南,内容丰富,结构清晰,技术参考性强,讲解由浅入深,循序渐进。

- 海量资源,技术支持:随书赠送的资源里包含大量的练习素材,另外还有价值6980元的

PS 线下实录课程，免费送给没有 PS 基础的读者学习，希望大家能学有所成。

如需配合视频学习本教材，请到 study.163.com 搜索"美工思维"，找到相应视频学习。

● 强大团队，联合推荐：本书是由网易云课堂、摄图网和腾讯课堂这 3 家学习平台联合推荐的教材，希望能帮助读者在电商设计领域从入门到精通！

资源下载

扫描下方二维码或在浏览器中输入下载链接（http://v.51pcbook.cn/download/29829.html），即可下载本书附赠的店铺整体设计实战电子书、本书视频文件、素材文件、结果文件及超值学习资源等。

提示：如果下载链接失效，请加入"办公之家"QQ 群（218192911），联系管理员获取最新下载链接。若群已满，可按提示加入新群。

更多帮助

为了方便读者交流和学习，可以加入"淘宝美工技术交流答疑"QQ 群（439210056），既可以获得群里随时更新的淘宝模板和 Photoshop 教程等资源，也可以和读者、作者进行交流学习。扫描下方二维码可以快速加入本群。

特别感谢

特别感谢龙马高新教育全体同人，尤其是左老师，在图书编写过程中的建议与帮助。

特别感谢北京大学出版社为本书能够高质量地出版所付出的辛勤努力。

特别感谢网易云课堂为本书提供的渠道推广支持，也感谢网易云课堂的杨茂林先生对本教材课程结构提出的优化建议。

特别感谢广大读者对于本课程的反馈与建议，才能让我们做出这样优质的、符合大家口味的课程。

尽管已经反复斟酌，但书中难免有疏漏之处，恳请广大读者批评指正。读者还可以访问领跑教育的官方网站（lingpao.tech）或搜索微信公众号"C课堂"与作者进行交流。

顾领中

目　录

第1章　淘宝美工设计基础知识..........001

1.1　申请一个淘宝店铺.......................... 002

1.2　为什么要对淘宝店铺进行设计？.......... 008

1.3　淘宝设计工具PS与AI简介................. 011

1.4　淘宝海报的各模块尺寸..................... 012

1.5　电商平台的主流格式........................ 031

第2章　淘宝美工的设计修养..........043

2.1　电商从业者的自我修养..................... 044

2.2　色彩印象知多少.............................. 048

2.3　如何设计一张好的引流海报？............. 058

第3章　淘宝宝贝拍摄技法..........063

3.1　专业数码单反摄影基础知识............... 064

3.2　商业摄影实战拍摄........................... 069

第4章 每个设计师都有自己的素材库 083

- 4.1 为什么需要建立自己的素材库? 084
- 4.2 如何建立自己的素材库? 084
- 4.3 如何管理素材库? 085
- 4.4 推荐设计网站 087

第5章 淘宝平面与美学设计 095

- 5.1 平面设计基础知识 096
- 5.2 淘宝美工设计要素 097

第6章 图片精修之修图技法 109

- 6.1 利用钢笔工具对产品抠图 110
- 6.2 使用快速选择工具抠轮廓 114
- 6.3 火焰的秘密——使用混合模式抠图 116
- 6.4 浪花云层抠图技巧 118
- 6.5 Alpha抠取发丝技巧 122

第7章 图片精修之高端技法 125

- 7.1 产品修图的必要性 126
- 7.2 化腐朽为神奇——LAISAI激光仪的修图技巧 126
- 7.3 秀出产品的亮点——皮鞋的修图技巧 131
- 7.4 "捅娄子"了怎么办?——LED灯泡偏色后的调整 138

- 7.5 靓图才够味——女士内衣色调的调整 148
- 7.6 重新调整光影关系——童装 154
- 7.7 图修不好不要总怪后期——背包 159
- 7.8 玻璃质感图片的修饰——玻璃杯 163

第8章 店铺首页设计与装修——通用招数 173

- 8.1 首页上都要放点啥？.................. 174
- 8.2 运筹帷幄仅需几步——店招背景 177
- 8.3 做设计也要学会"偷懒"——店招 179
- 8.4 给宝贝分门别类——导航栏 183
- 8.5 随时随地购物——首页固定背景 184
- 8.6 购物体验好 简洁化分类——分类导航 187
- 8.7 添加链接真不算事儿——分类导航链接 189
- 8.8 小店铺 大架势——客服中心 192
- 8.9 以不变应万变——首页海报 195
- 8.10 贴个告示 昭告天下——买家须知 199

第9章 店铺首页设计与装修——绝招 201

- 9.1 制作全屏轮播图 202
- 9.2 我的选择比你多——个性优惠券 208
- 9.3 高效设计 211
- 9.4 全新技能再次起航——旺铺智能版 220

9.5　更方便的导航——智能版悬浮导航 223

第10章　Hot类目的海报设计 225

10.1　什么行业什么风 226
10.2　皮草行业海报——让你的冬天也变得时尚 229
10.3　登山鞋行业海报——回归设计的"本质" 232
10.4　女装行业海报——综合运用各种技巧 236

第11章　个性宝贝的海报设计 241

11.1　冰箱行业海报——探"鲜"永无止境 242
11.2　龙眼行业海报——健康与简单才是最佳选择 247
11.3　手表行业海报——神秘时尚简约 251
11.4　键盘行业海报——沉稳与活跃其实可以相辅相成 256
11.5　平衡车行业海报——别出心裁 漫游世界 259

第12章　详情页海报设计大揭秘 263

12.1　详情页为什么那么重要？ 264
12.2　爆款的秘密——详情页制作流程 266
12.3　吸引客户很重要——店铺活动图 270

第13章　详情页海报设计实战 291

13.1　给买家秀秀宝贝——模特图 292
13.2　产品说服力靠图"说话"——产品图 299
13.3　360°完美展示——细节图 308
13.4　对买家要贴心一点——尺码图 316

13.5 搭配点餐后的"水果"——关联销售 322

13.6 掌柜推荐又出新花样——心选 327

第14章 详情页营销模块设计 333

14.1 自定义店铺收藏 334

14.2 客服中心 340

14.3 客服链接 344

14.4 子账号分流 346

14.5 店铺优惠券 347

14.6 微海报 352

第15章 淘宝手机端的视觉设计 355

15.1 装修千人千面——1分钟装修店铺 359

15.2 只推荐给你最好的——智能海报 362

15.3 熟知每一个用户的习惯——智能单/双列模块 ... 369

15.4 营造店内营销气氛——倒计时 372

15.5 搭配效果更直观——标签图 376

15.6 设计模板任你挑——美颜切图 381

15.7 承接多余的流量——承接页 390

以下内容为电子书

第16章 店铺整体设计实战 397

16.1 项目制作前期准备 398

16.2 首页布局和装修模块应用技巧 432

16.3　全屏海报落地页 433

16.4　个性化宝贝分类 441

16.5　轮播图效果制作 447

16.6　返回首页效果 455

16.7　详情页首图与详情页视频 461

16.8　承接页与关联销售 471

16.9　模特图、产品图、细节图、尺码图 478

16.10　默认详情页的设计 482

第1章
淘宝美工设计基础知识

淘宝美工的需求量随着电商的发展不断增大，对于零基础的读者来说，了解淘宝美工设计的基础知识是成为专业淘宝美工的第一步。本章从申请开店开始，介绍淘宝设计工具、海报模块尺寸及电商平台主流格式等淘宝美工应具备的基础知识。

1.1 申请一个淘宝店铺

俗话说："巧妇难为无米之炊。"在做淘宝电商和店铺装修的工作之前，第一步需要做的就是申请一个淘宝店铺，下面将详细讲解申请淘宝店铺的过程。

1.1.1 支付宝实名认证

支付宝实名认证是由支付宝（中国）网络技术有限公司提供的一项身份识别服务，支付宝实名认证是为了核实会员身份信息和银行账户信息。用户通过支付宝实名认证后，就相当于拥有了一张互联网身份证。有了这张身份证就可以在淘宝网等众多电子商务网站开店、出售商品，增加支付宝账户拥有者的信用度。

1. 淘宝账号、支付宝注册需要做的准备

① 需要准备一个邮箱，如QQ、163或雅虎等，已经有邮箱的用户可以直接进入淘宝网首页单击【免费注册】按钮，按步骤填写成功后就会拥有一个用户名和密码，然后登录个人邮箱，点击指定链接即可激活淘宝账号。

② 注册淘宝账号时，有一个选项是【自动注册支付宝】，也就是用你的邮箱注册的支付宝账号。如果没有选择那一项，就用注册淘宝账号用的邮箱地址，因为注册后要登录这个邮箱收到激活信并激活。激活成功后，登录支付宝，设定支付宝相关信息。

2. 淘宝账号注册的流程

❶ 打开淘宝网页面，单击【免费注册】按钮，如右图所示。

❷ 在弹出的【注册协议】页面单击【同意协议】按钮，如右图所示。

❸ 根据提示填写申请资料，然后单击【确认】按钮，如右图所示。

❹ 如果之前用手机号注册过淘宝店铺，则会弹出如右图所示的页面。

❺ 如果是本人，可直接单击【该账户是我的，立即登录】按钮；如果不是本人，可单击【不是我的，使用邮箱继续注册】链接。如利用QQ邮箱申请，在QQ邮箱中打开淘宝网发送的邮件，单击下面的链接会弹出设置登录密码页面，如右图所示。

3.支付宝注册流程

普通用户可以在支付宝网站首页完成支付宝的注册，对于淘宝卖家而言，也可以在创建个人店铺的过程中注册支付宝。下面就介绍在创建个人店铺过程中注册支付宝的操作步骤。

❶ 淘宝账号注册成功后，进入【卖家中心】界面，单击【免费开店】按钮，进入【我要开店】页面，单击【创建个人店铺】按钮，如右图所示。

❷ 在第二步的【阅读开店须知】界面中，单击【我已了解，继续开店】按钮，如右图所示。

❸ 进入【申请开店认证】界面，单击【支付宝实名认证】后的【立即认证】链接，在身份验证界面中将个人证件上传，单击【确定提交】按钮，如右图所示。

❹ 身份证件上传验证成功后，还需要扫脸验证和银行卡验证，如右图所示。

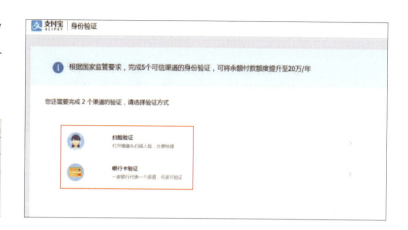

提示：扫脸验证需要通过手机完成校验，扫描完成后单击【已完成拍摄，点此继续认证】链接，具体操作根据提示完成即可。

❺ 扫脸验证完成后，进行银行卡验证，再将个人信息填写完整，单击【下一步】按钮即可，如右图所示。

提示：在淘宝注册时已绑定了一张银行卡，这里提示需要再绑定一张银行卡，就是为了做到双重认证。

1.1.2 淘宝开店认证

完成淘宝账户的开通和支付宝的实名认证后，进行淘宝开店认证，具体操作步骤如下。

❶ 接上一节操作。完成支付宝实名认证后，用户就可以进行淘宝开店认证了。在【申请开店认证】界面单击【淘宝开店认证】后的【立即认证】链接，如右图所示。

❷ 在弹出的【淘宝网身份认证】界面中，单击【立即认证】按钮，如右图所示。

❸ 在弹出的界面中会出现具体的操作步骤，如右图所示。

提示：单击【扫码安装】，安装【钱盾】客户端。安装完成后，打开【钱盾】客户端，扫码认证。

❹ 在弹出的【阿里实人认证】界面，根据提示单击【开始认证】按钮，如右图所示。

提示：认证时会要求你张张嘴、眨眨眼、左右上下摇摇头等，根据提示操作即可完成脸部扫描认证。

❺ 根据身份证的上传提示操作，单击【立即拍照】按钮，对身份证进行验证，如右图所示。

> **提示：** 再根据提示完成对手机和地址的验证，单击【提交】按钮即可。

❻ 完成以上所有的认证操作后，无论是手机端还是PC端，都会弹出认证审核中的界面，如右图所示。

> **提示：** 一般淘宝店铺的审核需要3天。

❼ 淘宝开店认证完成后进入卖家中心，可以看到双重认证已通过，单击【下一步】按钮，如右图所示。

❽ 弹出【阅读开店协议】界面，单击【同意】按钮，如右图所示。

提示：弹出【安全提醒】界面，单击【我知道了】按钮即可。

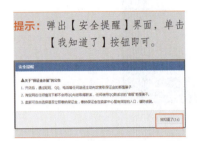

❾ 当所有的认证通过后，就会弹出【亲，店铺创建成功啦！祝你生意兴隆！】界面，如右图所示。

1.2 为什么要对淘宝店铺进行设计？

淘宝店铺作为一个交易进行的场所，漂亮、大气的装修设计才能吸引买家进店查看商品，进而引起买家的购买欲望，促进交易的进行，因此，对淘宝店铺的设计是十分必要的。

1.2.1 拒绝"牛皮癣"式的设计

实体店可以直观感受，而网店则需要根据各种参数来感受。淘宝美工需要根据客户的店铺需求和产品定位来设计，装修出来的店铺不一定要"高大上"，只要与你的目标买家群体、消费层次和文化层次相近即可。既不建议大家做出像"牛皮癣"式的设计，也反对一味地模仿"高大上"的设计，如极简主义的设计风格，对比图如下图所示。

像苹果这种大品牌，通过各种渠道都可以知道其产品的特性，所以在文案上用极简单的文字带过，突出产品图即可。而中小卖家是没有这么大的影响力的，因此千万不要盲目崇拜苹果的设计模式。店铺设计首要任务就是做出一个首图，因为买家都是通过搜索来寻找店铺的，如果首图不过关是吸引不了买家的。

1.2.2　好的设计才能高效地引流

实体店铺的形象设计能为店铺塑造更加完美的形象，加深消费者对企业的印象。下图为网店设计的基本内容。

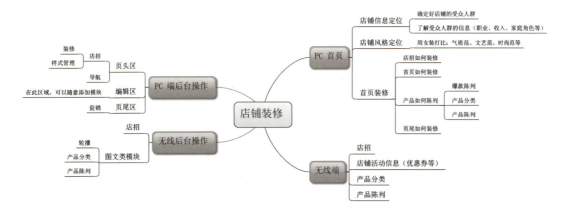

网店设计一个非常重要的作用就是品牌识别。建立一个网店，也需要自己的网店名称、独具特色的网店标识和区别于其他店铺的色彩风格。一方面，作为一个网络品牌要容易让消费者有所感知，从而产生心理上的认同感；另一方面，作为一个企业的CI（企业形象）识别系统，要让自己的店铺区别于其他竞争对手。

人机界面的设计在网店环境的设计中是非常重要的，用户界面（UI）的友好度很早就为众多的设计者所重视，UI设计已被应用到众多网站的设计中。消费者第一次进入店铺，很难一下子就评定出产品的优劣，但美观的网店设计却足以给消费者留下良好的第一印象，一旦消费者对界面或网店布局产生了好感，那么其内心就会趋向于认同，产生购买欲望。下面来欣赏一些好的网店设计。

提示：做设计的时候，一般图片占海报版面的70%左右，文案占30%左右。

1.3 淘宝设计工具 PS 与 AI 简介

淘宝店铺装修设计一般使用的工具就是PS和AI。下面通过素材网站中的素材，来简单介绍PS和AI。

❶ 海报设计的主要软件PS。它是一种合成性的工具，如有人物抠图的现象，都是psd的格式，做出的图像称为维度图形，当放大到一定程度时会出现马赛克。

❷ 辅助性软件AI。AI是一种标准规范性、矢量性的设计工具，是通过画图来设计（常用于如LOGO、纯色设计及渐变色的设计等）的，不管怎样放大像素值都不会发生改变，它是一种设计性的工具。

提示：在互联网设计中用到的都是维度图形。只要海报设计在1:1的情况下是清晰的就可以。

淘宝海报的各模块尺寸

1.4

淘宝店铺的装修体现着一家店铺的形象、气质、档次。在淘宝店铺中，不同的页面、不同的模块用到的海报尺寸是不同的，有淘宝网规定的标准规范。

1.4.1 设计小白如何理解像素？

像素(Pixel)是由图像的小方格组成的，这些小方块都有一个明确的位置和被分配的色彩数值，而这些小方格的颜色和位置决定了该图像所呈现出来的样子。可以将像素视为整个图像中不可分割的单位或者元素，不可分割的意思是它不能够再切割成更小单位抑或元素，它是以一个单一颜色的小格存在的。每一个点阵图像包含了一定量的像素，这些像素决定图像在屏幕上呈现的大小。

如果将图片放大到最大会出现一个个方格，这些方格称为像素点，下面来看看一个像素点究竟有多大。

❶ 新建一个宽度为1像素、高度为1像素、分辨率为72像素/英寸的文档，单击【创建】按钮，如下图所示。

提示：和屏幕相关的设计的像素都是72像素。

❷ 屏幕中只有一个小亮点，很难看清，按住【Alt】+鼠标滚轮将图像放大至最大，如右图所示。

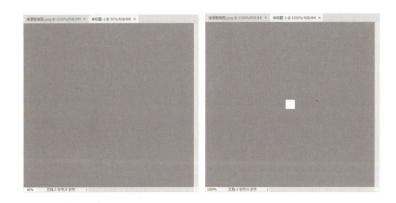

> **提示：** 像素的本质就是一个像素点，这个像素点可以对应任意一种颜色。如果一个图像有1000万像素，就代表这个图像有1000万种颜色点，它的颜色既可以相同也可以不同，相当于我们拿显微镜看到的像素点。

❸ 另外新建一个1万像素的文档，在1:1情况下它的大小如右图所示。

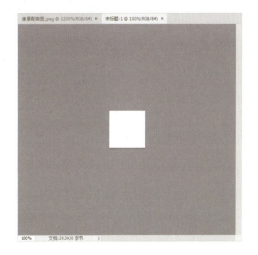

下面通过实际图像来感受一下像素和像素点的大小。

❶ 在PS中打开"素材\ch01\像素配套图.jpg"，我们看到的物理大小是不算大的，如右图所示。

❷ 我们将视图比例调为1:1，如右图所示。

> 提示：用户可以按【Ctrl+1】组合键将图像放大至1:1。

❸ 选择【图像】→【图像大小】选项，可以查看图像真正的大小和像素大小，如右图所示。

> 提示：一般显示屏容纳最多的像素是1440×900，大概可以容纳140万个像素点，可见我们的素材图片有多大。

为了巩固大家对像素的理解，我们可以打开淘宝网，让大家用猜的方式加强对像素的理解。比如在钻展图的区域，凭肉眼看像素大概的大小，前文我们介绍了100万的像素大概是多大，也介绍了整个屏幕的宽度是1440像素，那我们就可以拿这张图来做对比，它大概占整个屏的宽度是多少，就可以算出图像的大概尺寸了，公式就是用1440像素除以图像占满全屏的个数。

下面看几个在设计中比较常用的尺寸1:1情况下的大小，依次是700×700和950×400像素，如下图所示。

1.4.2 全屏1920海报设计规范

主流的计算机分辨率为1024×600像素、1366×768像素、1024×800像素及1400×900像素、1920×1080像素等，在做设计时需要考虑屏幕显示问题，并对不同的分辨率做适配。

① 打开"素材\ch01\1920海报规范用图1和图2.jpg"，选择【图像】→【图像大小】选项，查看图像大小是否是1920×650像素，如右图所示。

② 从"素材\ch01\1920海报规范用图1和图2.jpg"可以看出，设计的主题只在整个海报的中心，如下图所示。

提示： 将主题放在页面中间，是为了能够适配所有分辨率的显示屏。

1. C店（直系店铺卖家）的设计规范

❶ 新建一个1920×400像素的文档，如右图所示。

❷ C店的中心尺寸是950像素，选择【视图】→【新建参考线】选项，在弹出的【新建参考线】对话框的【位置】中依次输入"485px"和"1435px"添加参考线，单击【确定】按钮，如右图所示。

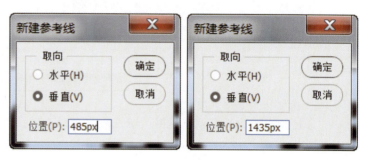

> 提示：如何得出参考线值，（1920－950）÷2=485就是第一个参考线的像素值，485+950=1435就是第二个参考线的像素值。

❸ 添加参考线后的效果如右图所示。

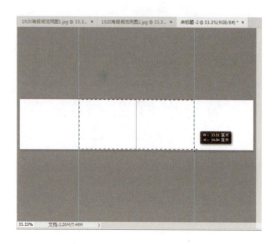

> 提示：在做设计时，重要内容凸显在区域框内即可。

2. B店（天猫店）的设计规范

B店的中心尺寸是990像素，依照C店参考线的操作，添加参考线，像素值为465像素和1455像素。C店的中心尺寸用红色表示，B店用黑色表示，对比图如右图所示。

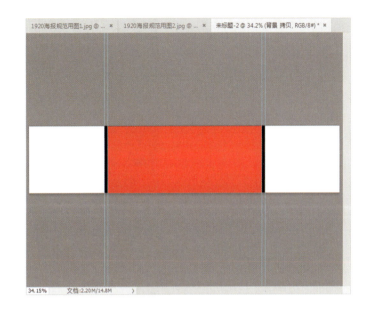

> 提示：两边区域是用来做搭配的，重要文案切记不要放在两边区域内。

1.4.3 基础950&990模块

通常的店铺装修主要应用的是950模块，下面我们来学习如何进行950模块的设计。

1. 进入950模块的编辑

① 进入淘宝账号中的卖家中心，在左侧的列表【店铺管理】栏中单击【查看淘宝店铺】链接，可以看到店铺的首页如右图所示。

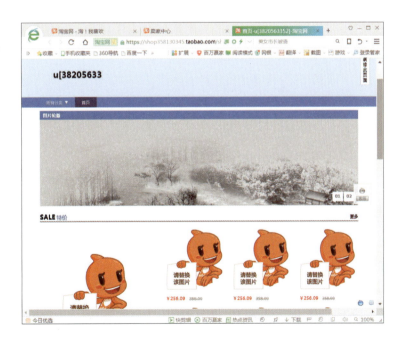

❷ 返回【店铺管理】栏中单击【装修店铺】链接，会弹出一个页面，单击【立即升级】按钮，如右图所示。

> **提示**：淘宝一钻以下的商家可免费使用智能版，但需要按照提示立即升级，而一钻以上的商家，每个月需要缴99元旺铺智能版使用服务费。

❸ 在【服务市场】页面，单击【一钻以下卖家可免费使用智能版，请点击这里立即使用】打开淘宝旺铺的智能版，如下图所示。

 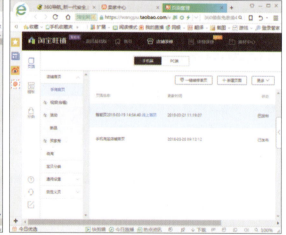

❹ 进入PC端，单击【首页】后的【装修页面】按钮，如右图所示。

> **提示**：在弹出的新手引导页面中，选中【老司机不需要引导】即可。

❺ 再次进入PC端,单击【首页】后的【装修页面】按钮,进入店面编辑页面,如右图所示。

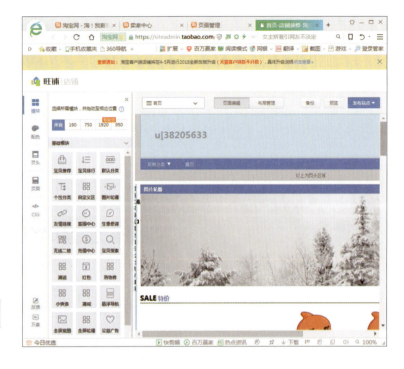

提示：950模块主要应用于首页。

❻ 选择【950】模块,先将【图片轮播】【SALE特价】【本店搜索】等区域删除,如右图所示。

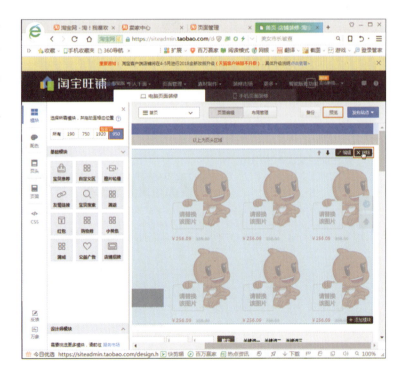

❼ 将所有模块删除后，单击【预览】按钮，可以看到店铺就只剩一个导航条，如右图所示。

❽ 放置店铺招牌时会出现【松开鼠标模块会放到这里】的提示，如右图所示。

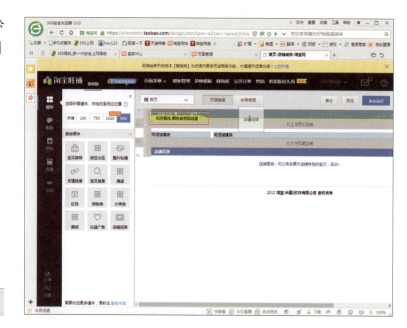

提示： 店铺招牌只能放在固定位置。

❾ 导航条的位置可以通过上下箭头来调整，如右图所示。

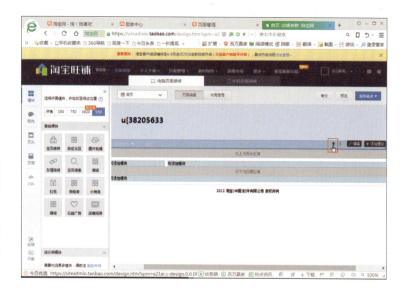

提示： 某些模块不能添加时，可以选择布局管理，并添加布局单元，再返回页面编辑就可以添加相应的模块了。当在布局管理中把布局单元删除后，在页面编辑中无法添加相应的模块。

2. 自定义模块的编辑

页面编辑是直接从基础模块中拖曳出来的，950模块中出现的红包、满返、购物券、满减等，都需要配合营销来制作。最常用的就是自定义模块，自定义模块的编辑方法如下。

❶ 在左侧【基础模块】区域选择【自定义区】模块，按住鼠标左键，将其拖曳至右侧1920的【可添加模块】区域，之后单击【编辑】按钮，如下图所示。

❷ 单击【插入图片空间图片】按钮 ，如下图所示。

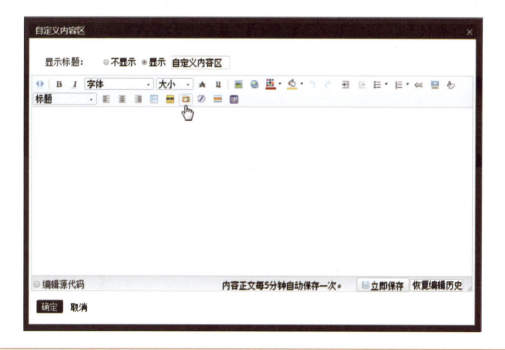

提示：店铺装修时，可以通过代码或图片两种形式上传图片。

❸ 选择【上传新图片】选项，单击【添加图片】链接，如右图所示。

❹ 在弹出的上传图片页面中单击【点击上传】，如右图所示。

❺ 选中要上传的图片，单击【上传图片】按钮，如右图所示。

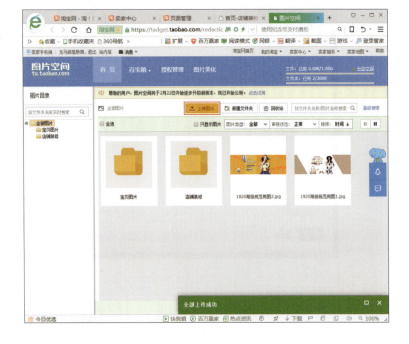

❻ 从图片空间中选中一张图片，单击【插入】按钮，再单击【确定】按钮，预览效果如右图所示。

> 提示：因为我们使用的图片是1920图片，所以没有完全显示出来，无法看到主题内容。

3. 图片的适配方法

可以通过裁剪的方式将主题部分完全显示出来，具体操作步骤如下。

❶ 在PS中打开"素材\ch01\1920海报规范用图1.jpg"图片，使用【裁剪工具】按钮 ⌷.，选择宽为950像素、高为650像素的分辨率进行裁剪，效果如右图所示。

❷ 单击【文件】→【储存为】选项，将其保存到桌面。在弹出的【JPEG选项】对话框中，将【图像选项】的【品质】设置为"10"，单击【确定】按钮，如右图所示。

❸ 重复自定义模块编辑的操作步骤第3~5步上传修剪好的图片，预览的最终效果如右图所示。

❹ 通过复制链接的方式载入图片，将鼠标指针放在载入图片上，会出现【复制链接】按钮，如右图所示。

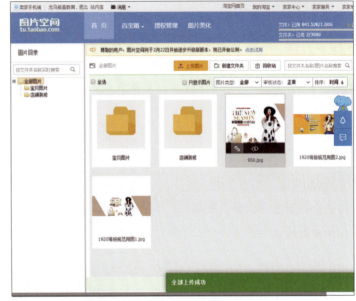

❺ 单击【复制链接】按钮，在弹出的对话框中复制链接，如右图所示。

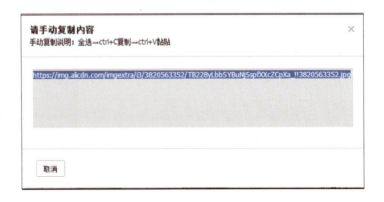

❻ 返回自定义内容区,单击【插入图片】按钮,在弹出的图片对话框中粘贴链接,单击【确定】按钮,如右图所示。

❼ 滚动滑轮条至底部,单击【确定】按钮,再单击【预览】按钮,即可看到效果图,如右图所示。

> 提示:载入图片的方式有多种,本节我们只讲了两种。

❽ 添加图片链接,在PC端页面装修页面,单击需要添加链接区域的【编辑】按钮,如右图所示。

❾ 单击【插入图片】按钮 ▦，双击图片弹出【图片】对话框，如右图所示。

❿ 在淘宝中找一个页面，复制链接，如右图所示。

⓫ 返回【图片】对话框，将链接粘贴到链接网址中，单击【确定】按钮，如右图所示。

⑫ 在自定义内容区，单击【确定】按钮，如右图所示。

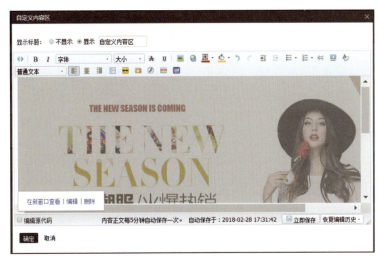

⑬ 在预览模式下，单击该图片任意位置都会跳转至步骤10的页面。

4. 添加图片轮播模板

下面介绍添加图片轮播模板的方法，具体操作步骤如下。

❶ 拖曳图片轮播模板至合适区域，单击【编辑】按钮，打开【图片轮播】对话框，如右图所示。

❷ 在图片空间中复制图片链接，粘贴至图片地址文本框中，单击【添加】按钮，可以添加一张新的轮播图片，如右图所示。

提示：重复此操作可以添加多个轮播图片。

❸ 再复制粘贴一个图片链接，单击【保存】按钮，即可得到效果图，如右图所示。

> **提示：** 如果不想要图片轮播蓝条框，单击【编辑】，在【图片轮播】对话框中单击【显示设置】选项，选中显示标题中的【不显示】选项，单击【保存】按钮，如下图所示。

1.4.4 基础750&790模块

本节介绍750和790模块的设计方法，750模块是淘宝店铺中使用的模块，而790模块是天猫店铺中使用的模块，应用模块的具体操作步骤如下。

❶ 进入"店铺装修"界面，选择【PC端】，进入店铺首页的装修页面，在【布局管理】区域中添加相应的750模块，如右图所示。

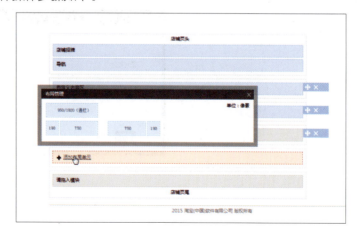

❷ 选择左宽右窄的模式，返回编辑页面，选择750区域中的任意模块拖曳至此即可，如右图所示。

> **提示：** 若页面出现卡顿现象，可以单击【刷新】按钮，或返回页面管理页面重新进入即可。

790模块的图片添加过程和750模块相同，在此不作详细介绍。下面介绍有关首页部分750模块的知识。

❶ 首页部分包括基础页、宝贝详情页和宝贝列表页，更细的划分如右图所示。

❷ 默认宝贝详情页使用的是750模块，单击进入默认宝贝详情页查看，如右图所示。

> **提示：** 默认宝贝详情页是所有宝贝都可以应用的部分，是750模块的第2个入口。

❸ 第3个入口在宝贝分类页，点击进入，如右图所示。

❹ 以海澜之家天猫旗舰店为例，在分类页面点击【夏季新品】，其模式就是默认宝贝分类页的布局，如右图所示。

❺ 单击任意一个宝贝，进入宝贝详情页，该图就是利用默认宝贝详情页做的，如右图所示。

1.4.5 基础190模块

190模块一般在店铺网页的左侧部分，在以往的设计中，190模块往往只会简单地做一些客服、价格搜索和手机店铺等模块，但现在无论是首页、默认宝贝详情页还是默认宝贝分类页都更加重视190模块的设计。

当搜索进入某家店铺时，最重要的是详情页，浏览详情页的时候很容易会注意到左侧的190模块，所以190模块的设计比首页设计更为重要，仅次于详情页的重要性。下面打开一个宝贝详情页作为参考，如下图所示。

190模块可以用到首页、默认宝贝详情页和默认宝贝分类页的设计当中，与750模块的功能一样。

1.5 电商平台的主流格式

本节介绍电商中常用的主流格式及其特点，如下表所示。

格式	压缩方案	动画性	透明性
JPEG	颜色丰富	不支持	不支持
GIF	颜色单一	支持	支持
PNG	样色单一	不支持	支持

> **提示：** JPEG(或者说.jpg)是最常用的图片压缩格式，支持最高级别的压缩。对于显示要求比较高的图片来说，JPEG格式展示的图片效果较GIF和PNG有明显的优势。
>
> GIF(.gif)的图片显示质量要比JPEG逊色很多，通常用作非常简单的图片展示，比如素材或者装饰性图案，GIF也可以用来制作动画。但GIF不适用于高清的图片。
>
> PNG图片是比GIF更好的选择，因为PNG图片支持的色彩要比GIF多。此外，和JPEG一样，PNG反复保存也不会影响图片质量，而且对于小图来说，PNG占用的内存极小，PNG完美支持透明背景，所以一般LOGO或一般装饰性图案都会选择PNG格式。注意PNG-24图片比同样情况下的PNG-8版本的内存要大3倍以上，因此，要慎用PNG图片。

1.5.1 JPEG格式的优点与局限

下面介绍JPEG格式的图片的特点。

❶ 打开"素材\ch01\jpg路径.jpg"文件，因为这个素材是经过处理的，打开【路径】面板可以发现，JPEG格式既可以把路径保存下来，也可以使用路径，如右图所示。

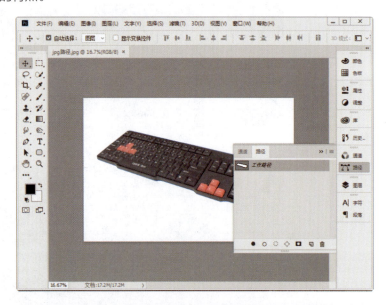

❷ 按住【Ctrl】键单击【路径】缩览图就可以得到选区，如右图所示。

❸ 打开【图层】面板，选择【图层】→【新建】→【通过拷贝的图层】选项，就能直接把主体图抠出来，如右图所示。

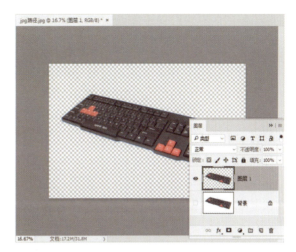

抠出来的图是否可以直接保存为透明格式？

❶ 删除背景图层，选择【文件】→【储存为】选项，将抠出来的图保存到桌面上，保存类型选择【JPEG】格式，单击【保存】按钮，如右图所示。

提示：先不管图片的大小，重复操作依次将其保存为PNG和GIF格式，然后查看区别。

❷ 关闭原始素材文件，打开保存的三种格式的图片，可以看到PNG和GIF格式保存为透明底，JPEG格式没有保存为透明底，但它保存了工作路径，如右图所示。

提示：由此可以得出，JPEG格式是不支持透明底的，而PNG和GIF格式支持。

下面来看看三种格式在压缩方案上的区别。

❶ 在素材文件中打开该图片的属性,可以看到原图的大小是762KB,如右图所示。

❷ 打开"素材\ch01\jpg压缩.jpg"文件,选择【文件】→【导出】→【存储为Web所用格式】选项,弹出【存储为Web所用格式】对话框,如右图所示。

❸ 在优化的文件格式中选择压缩的格式,在左下角可以查看优化后的图片大小,如右图所示。

> 提示:GIF格式的颜色只有256色,它不支持1677万色。依次在优化的文件格式中选择不同的压缩格式,可以看出只有JPEG格式压缩得比较成功,JPEG格式还可以压缩图片的品质。

❹ 将压缩后的图片存储到桌面，同时打开原图和压缩后的图片进行对比，如右图所示。

以上讲的是JPEG格式的两个优点：一是JPEG格式保存支持路径，二是JPEG格式的压缩一般支持摄影实拍类的图片。一般位图用JPEG格式压缩，矢量图用PNG格式或GIF格式压缩。

1.5.2 PNG格式的优点与局限

本节介绍PNG格式矢量图的优缺点。

❶ 将"素材\ch01\矢量图.ai"文件拖曳到PS中，会弹出【导入PDF】对话框，选中【页面】复选框，单击【确定】按钮，如右图所示。

❷ 下面对图进行优化,选择【文件】→【导出】→【存储为Web所用格式】选项,弹出【存储为Web所用格式】的对话框,如右图所示。

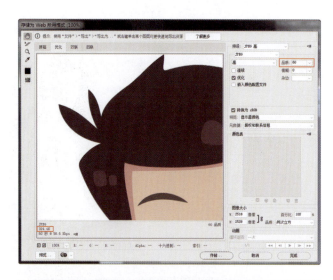

❸ 在JPEG格式、【品质】为"60"的情况下,图片的大小为324.4KB,将图片品质调至"100"时,可清楚地看到清晰度和大小的区别,如右图所示。

❹ 将图片格式改为PNG-8,图片的轮廓是有锯齿的,大小也会变小很多,如右图所示。

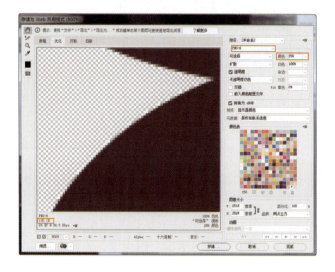

❺ 也可以通过减少颜色进行优化,将颜色从"256"降至"64",可以明显看到图片的颜色和大小都有变化,如右图所示。

❻ 像这种图片建议使用PNG-24格式,因为它是没有杂色边的,如右图所示。

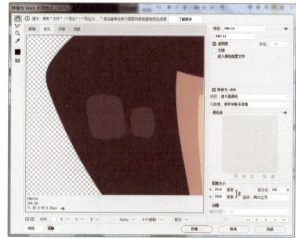

下面介绍在颜色很少的情况下,比如只有一个单色的LOGO,对其进行优化的最好方式。

❶ 新建一个透明空白文档,用【自定义形状工具】,任意绘制一个图形,如右图所示。

❷ 由于是单色的LOGO，可以使用PNG-8格式压缩，将颜色调低即可，如右图所示。

提示：不同的图片类型，其优化方案是不同的。

1.5.3 GIF格式的优点与局限

GIF格式支持动画、透明，最好是矢量图，动画不宜过大。

❶ 打开"素材\ch01\动图.gif"文件，选择【窗口】→【时间轴】选项，如下图所示。

提示：在时间轴面板中单击≡按钮，选择【面板】选项，在弹出的【动画面板选项】对话框中，可以选择缩览图的大小，如下图所示。

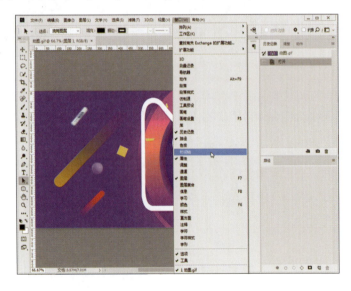

第1章 淘宝美工设计基础知识

❷ 选中时间轴中的第1个图,在【图层】面板中显示的是"图层1"的图,第2个图是"图层2"的图,它们是轮流交替的,如右图所示。

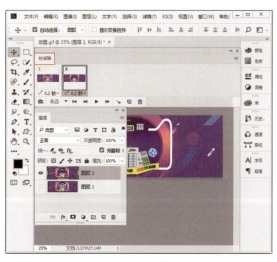

❸ 新建一个空白文档,做一个颜色变化的字,使用【文字工具】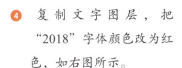,输入"2018",如右图所示。

❹ 复制文字图层,把"2018"字体颜色改为红色,如右图所示。

> **提示:** 复制图层有两种方法:一是选中图层右击,并选择【复制图层】选项;二是选中图层拖曳至创建新图层按钮 上。

❺ 在时间轴面板中，选择【创建帧动画】选项，如下图所示。

❻ 单击一次【创建帧动画】，就完成一个画面的创建，单击【复制所选帧】按钮，如下图所示。

❼ 设置动画停留时间的长短、循环的次数，单击【播放动画】按钮，如下图所示。

提示：由于画面的内容是一样的，所以看不出播放的效果。

❽ 选中时间轴中的第1个图，在图层面板中关闭"2018红色"图层，依次替换一个图，再单击【播放动画】按钮，就可看到效果，如右图所示。

> 提示：我们也可以做稍微复杂点的效果，选中"2018黑色"图层，选中【编辑】→【自由变化】选项做相应的旋转，按住【Shift+Alt】组合键围绕中心点缩放大小。

❾ 选择【文件】→【导出】→【存储为Web所用格式】选项，弹出【存储为Web所用格式】对话框，选择GIF格式，单击【预览】按钮，即可在网页中查看效果，如右图所示。

❿ 单击【存储】按钮保存。

1.5.4 图片压缩的解决方案

本节以"素材\ch01\图像压缩素材.jpg"文件为例介绍怎样压缩图片，具体操作步骤如下。

❶ 打开素材图片让其1:1显示，可以看出原图是非常大的。

❷ 选择【图像】→【图像大小】，在弹出的【图像大小】对话框中，设置【宽度】和【高度】分别为"1000像素"和"1400像素"，勾选【重新采样】，单击【确定】按钮压缩图片，如右图所示。

❸ 再以JPEG格式进行优化，原图品质降为60%，单击【储存】按钮即可。通过查看图片详细信息对比两幅图片的差别，得知原图大小是3.9MB，尺寸是3662×5125，也就是说，这张图接近于2000万像素，而压缩后的图大小是202KB，尺寸为1000×1400。

提示：2000万像素的图，不适合在网上展示，只适合打印。

第2章
淘宝美工的设计修养

淘宝美工在推动一个项目时,所涉及的工作包括交互设计、视觉设计、平面设计等。其工作内容就是使用设计工具,运用设计思维,发挥创造力,以图形化的方式传达对产品的构思,最终以可视化的形式还原设计稿,在各个终端、线上或线下进行展示。因此,对于淘宝美工而言,从一开始就注重设计修养的培养对后期能力的提升有很大帮助,因为技术是有止境的,而能力是无止境的。

电商从业者的自我修养

下面介绍如何做好产品运营。

2.1.1 优秀产品图的标准

在做产品图修饰的时候,评判一张图好坏的标准有以下5个方面。

1.光感

以右边的产品素材图片为例,它的光感是在瓶身的部分,有高光部分也有反光的部分。在反光附近有较弱的轮廓光,这就是光感的体现。不管是做人像还是产品图片,光感的好坏在产品的修饰里面都是非常重要的。没有光感,产品的气质就会缺失很多。

2.质感

不同材质的产品,如皮质、金属等,质感是不同的,如右边的产品所示。这就需要美工注意观察,对应产品和物体的质感是非常重要的。现在无论是电商平台还是平面广告,吸睛都很重要,要让人第一眼看到就被深深吸引。如果产品修饰后不符合对应产品的质地和状态,肯定吸引不了客户,这就是我们所说的要有质感。

3.色感

以右边的红酒为例,它的整个色调以黑色为主,给人古典、安静的感觉。一般这种产品包装的设计,会让人觉得产品比较高档;又用了一点比较复古的橘黄色,增加它所渲染的高端的氛围,这就是我们所说的色感体验。

4.立体感

一个产品设计做出来后,不能是扁平化的,那样的设计没有空间层次,如右图的设计可以感受出包装的厚度,其实立体感就是通过光影的变化来显现的。放大后可以看出包装上有高光、反光和轮廓光,有了这些修饰,立体感自然就出现了。立体感需要通过影调来反映,影调就是我们说的明暗关系。

5.结构

静物拍摄很容易丢掉细节,这个细节说的就是结构。从右图的设计中可以看出产品的整个结构是比较完整的,不管是壶的图案还是木质的提手,都非常清晰。在后期处理的时候,修饰的地方就非常多。壶嘴和壶身连接处的细节有部分的丢失,这是没关系的。拍摄产品不是把物品拍清晰就可以,整个的影调也是非常重要的。

2.1.2 前期、后期各司其职

在处理图片之前,应该知道前期拍摄的工作和后期处理的流程。首先要和前期拍摄的同事做好沟通,确保整个环节工作效率的提高,尤其是可以缩短后期处理的时间。

1.前期

首先,前期需要和客户沟通,确定产品图片的用途,客户理想的产品拍摄效果,产品图片的背景是黑底、白底还是场景图,需要怎样的模特造型和具体的画面效果,是用于网店还是用于印刷,这些问题还需要根据顾客提供的参考图片来进一步确定。如下图所示分别为白底图、黑底图和场景图。

其次,摄影师通过观察,得出客户所提供的参考图片的光的变化及阴影方向、图片的轮廓光有哪些、反光面需要怎样处理等。观察得越仔细,离目标效果就越近。

最后,确定拍摄过程。根据观察所得的信息,通过分步来实现不同的效果,比如先确定主光源,处理光面,再处理轮廓的补光。只有通过一步步不断地调整和尝试,才有可能拍出令顾客满意的图片。

2.后期

后期主要负责的就是修饰瑕疵、划痕、扭曲、破损等,同时要保证图片有光感、质感、色感、立体感,结构准确。

2.1.3 明暗分布规律

影调分为两大部、三大面和五大调,具体内容如下。

① 两大部为亮部和暗部。只有亮部和暗部,既没有立体感,也没有中间调,如右图所示。

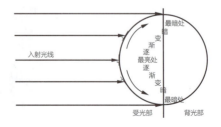

② 三大面就是立体图，有亮面、侧光和背光面，由亮面、灰面、暗面三部分组成，如右图所示。

③ 五大调由高光、亮灰部、明暗交界线、反光和投影五部分组成，如右图所示。

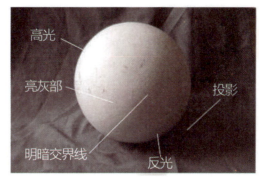

2.1.4 透视关系

在修图时，尤其是做广告的整个效果图时，要注意透视关系。透视关系包括以下几种。

1.单点透视

单点透视是指所有物体的消失点都是一个点，如下左图所示，也是产品中最常用的一种修饰方法，就是近大远小的一种视觉感，效果图如下右图所示。

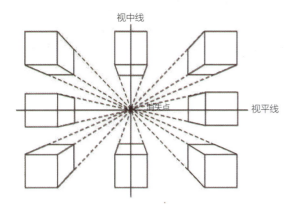

2.两点透视

两点透视有两个消失点，从下左图所示，是从多个方面考虑近大远小的关系，一般表现的是面，效果图如下右图所示。

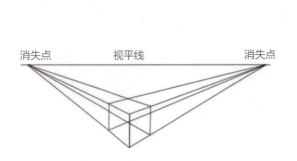

3.三点透视

三点透视有三个消失点，如下左图所示，这类图比较适合俯视和仰视，日常生活中最常见的三点透视是比较空间化的东西，例如，利用无人机拍摄出来的就是这类图，如下右图所示。

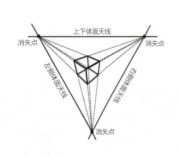

2.2 色彩印象知多少

怎样区分颜色的冷暖色调？以绿色为分界线，绿色不会让人觉得太冷，也不会让人觉得太暖。由下左图可以看出绿色是一个中性色，绿色的左侧是黄、橙、红，它们的共性就是热烈活泼的特性，而绿色的右侧是青、蓝、紫，它们都有稳重低调的特性。

下面介绍颜色的深浅问题。由下右图所示，左侧是一个亮色，向右颜色依次加深，颜色的深浅由在这个颜色中加了多少的黑决定。深色会有高贵稳重的感觉，亮色往往有激情活泼的感觉，比如深蓝色让人感觉比较高贵，黑色让人感觉比较稳重，一般成熟男士穿深色的衣服，亮色衣服比较适合年轻人。

2.2.1 女装行业色彩搭配

女装色彩搭配要根据女装的不同风格，下面我们按照不同风格对女装进行分类。

1.小清新类

在Photoshop中打开色相条，将颜色光圈定在偏上部分不动，然后拖动色相条，得到的都是淡色系的颜色，一般S值保持在30左右，B值接近100，能调的部分就是H值。我们可以任意选择一个颜色，都是很小清新的，如下图所示。

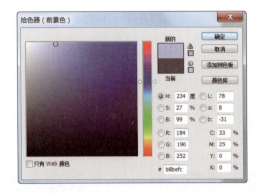

还可以新建一个图层重复上面的操作，得到的都是比较亮丽的颜色。

2.朋克风格

登录淘宝账号进入天猫店，里面有很多深色系的搭配风格，如下图所示，打开一家风衣店铺，可以看出这家的搭配稍显普通，如果下面的图改成黑色底效果会好很多，也可以用白色底。

女士服装底图可以用棕色色系，相对来说饱和度高一点、透明度低一点；也可以选择咖啡色，如下左图所示。男士服装底图选择深蓝色，亮度可以再低一点，只要不接近于黑色都是可以的，如下右图所示。

黑、白、灰是百搭色，这里只是给了些建议，大家可以参考一下。

3.中老年类

中老年的衣服颜色都是比较深的，整体的色彩感觉不会太鲜艳，如下图所示。一般会选择深色系的搭配，有点配红、配紫这样的搭配是合适的。有的人会说不够"高大上"，因为每个年龄段的人的欣赏眼光是不一样的，但不管怎样，店铺搭配一定不能是亮色。可以选择比较喜庆的深色系来搭配整个店的装修。

4. 自由化的设计

另外，现在的设计日新月异，主要以实拍为主。下面两家店铺就是比较自由化的设计。

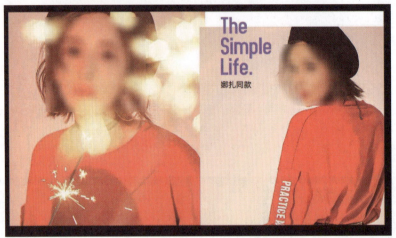

进入"La gogo"店铺首页,可以看到宝贝的种类、风格类型特别多,如果固定一个主色调会很不准确,所以店铺运用了组合的、拼版式的设计,显得很有张立感、年轻化、很躁动,它的设计都是拼版拼出来的,把实拍的图直接放在白色底板上,整个感觉有点像时尚杂志的风格。

现在高端一点的设计师基本上做的都是这种偏杂志或是电子杂志的风格,这也是现在流行的风格,包括现在天猫女装很厉害的店铺(韩都衣舍),也是这种张力感很强的风格,主要以图为主,更偏向于时尚电子杂志的风格。

2.2.2 零食行业色彩搭配

登录淘宝网首页,在搜索框中输入"零食",可以发现不管是首图还是直通车图几乎都是红配黄,也有一些是白色的,不过整体都会有红、黄色调在里面,那为什么大部分买家都喜欢红黄呢?下面就来简单介绍一下。

零食选择红黄色调会很有诱惑力,红色是带有视觉刺激、容易引起消费欲望的颜色,橙色也有这种作用,同时橙色还会使人产生饥饿感。基本上所有的零食店铺都喜欢红配黄这样的搭配。

打开"周黑鸭"店铺首页,如下图所示,可以看到整个店铺是黄和黑的经典搭配,小人儿的部分是个活动页,右边是场景化的配图。黄色或橙色和黑色搭配是经典的搭配,以黑色为底突出产品的特性。

下面以"秋林"食品为例,如下图所示,这家店铺以红色为主基调,因为商品是以熟食类为主,有红红火火的概念,而烤、熏、煎、炸等都要用到炭火,所以整个都是偏红色调的。

打开"三只松鼠"店铺首页,可以看到整个色系都是暖色调,有萌萌的卡通角色,楼层页的场景,如果过分地运用橙色会有点晕色,长时间看眼睛会不舒服。下面是比较图,是不是第2张图看起来更舒服?

"良品铺子"店铺的整个色调是以粉色系为主的,但也有橙色的成分,如下图所示,给人美味的感觉、又表现了女生的优雅,很精致。"良品铺子"的消费群体应该以职场女性、女大学生等为主,相对来说年长、年纪特别小的买家会不太喜欢。

"劲仔"店铺首页设计采用的红配黄、红配橙的搭配非常到位,产品海报让人感觉非常舒服,如下图所示。建议大家做主页设计的时候,一般设计到8屏左右就可以了,如果设计得过多,很少会有人翻那么多页,只需要在主页放上热卖品就可以了。

"肯德基"是最会用橙色的,它的产品都是橙色的,以深红为主色调,与其LOGO颜色接近,有喜庆的意思,如下图所示。如果这个店铺用橙色会更妥当一点,但是红色也是暖色系,因此

没有什么大问题。

几乎所有的零食店铺都以暖色系为主,并且是红和橙这两种颜色,红色有喜庆的味道,让人有购买的欲望,橙色给人美味的感觉。

2.2.3 数码家电行业色彩搭配

本节主要介绍家电或数码行业的配色方案。

"雷蛇官方旗舰店"的色调是以黑色为主、绿色为辅、红色作为强调色,如下图所示,因为绿色、青色有科技的感觉,黑色给人稳重、结实、耐用的感觉,比较符合男性买家的审美。"雷蛇官方旗舰店"大部分的买家正是玩游戏的男性。

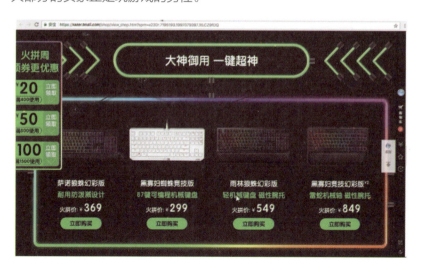

与"雷蛇"相似的"罗技"是以灰色为依托,包括海报、底板,配了一点有科技感的青色和蓝色,还配了有活力的颜色在里面,如下图所示。这种办公类的产品价格比较适中,比较受职场人士喜欢,科技类的店铺一般都会选择以深色调为依托。

"美的"以灰色为基调,配了一点白色在里面,如下图所示,灰色给人稳重、宁静的感觉,它强调的就是空调工作的时候声音特别小。有些家电类的产品用了过多鲜艳的颜色,会给人不稳重、很躁动的感觉。

"锤子科技"整体的设计以白色为主,如下图所示,给人简单、舒服的感觉。

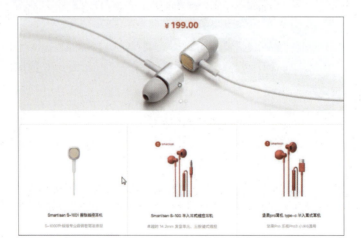

"OPPO"的消费群体主要为年轻人，以OPPO"R"系列为例，它的整体配色是黑色，显得比较稳重，如下图所示。如果在里面加一些绿色、青色或粉红色则更能抓住年轻人的心。

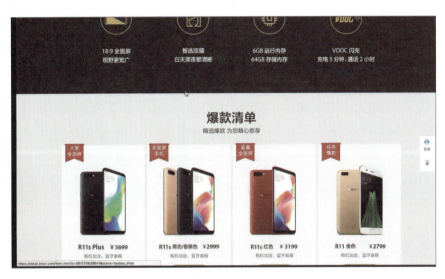

"佳能"产品的海报都是以黑色为主的，黑配红是经典搭配，但字体用得不太合理，如下图所示。

2.2.4 给设计小白的几点色彩搭配建议

本节介绍哪些颜色不可以搭配，哪些颜色可以搭配并且是经典搭配。

1.相邻颜色的搭配

如果没有学过相关的美术课程,也没有艺术基础,初学者可以选择邻近的颜色搭配。不足之处就是不太出彩,比较中规中矩。

2.相同亮度的搭配

同一个亮度的颜色是可以搭配的,由下左图可以看出红色是很容易吸引人眼球的,因为红色的亮度比较高,是100%,而右图是改变红色亮度后的对比图,给人的感觉就不会那么不搭了。但这样的搭配也不会很出彩。

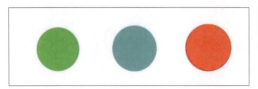 

3.配色方案

下面介绍一下在设计中通常会用到的颜色搭配。

黄色配红色比较喜庆,黄色配黑色也很出彩,黄色配青色是比较年轻化的搭配,还有黄色配白色,都是可以的;红色配黄色、黑色、白色都是经典搭配,但红色不能配绿色;青色配蓝色、黄色、白色都是比较经典的搭配,但不能配黑色。

2.3 如何设计一张好的引流海报?

一张好的海报,其设计形象必须简单明了,色彩和谐,整个画面效果均衡,海报的构成尽量挑选重点来表现,形式上和内容上都要出奇创新,具有视觉冲击力,还可以通过图像和色彩来实现海报内容的精练表达,抓住主要诉求点。内容不可过多,一般以图片为主,文案为辅,主题字体醒目。下面以直通车和钻展为例来介绍。

2.3.1 直通车是什么?

淘宝直通车是为淘宝和天猫卖家量身定制的推广手段,卖家开通直通车后,需预存一定的广告费用,之后系统会为卖家的产品做广告,当潜在用户通过点击广告进入产品页面,卖家就需要支付一定的费用。直通车的主要作用是增加宝贝的曝光率,实现精准推广。在淘宝网搜索框任意输入关键词,在搜索出来的结果中,店铺图片下方显示"广告",或者在右侧列表中显示"掌柜热卖""广告"等,这些都称为直通车。直通车一般都是按照销量、价格和综合因素自然排名的,直通车也分为网页直通车和手机直通车。

下面介绍的是网页直通车和手机直通车的区别。

1.网页直通车

打开淘宝网输入关键词,只要标注"广告"的都是直通车,如右图所示。

提示:直通车是按照点击量计费的,买家即使没有购买任何物品,只要通过直通车广告进入店铺,卖家也需要支付一定的广告费用。

2.手机直通车

打开手机淘宝输入关键词,手机中的服装类直通车以竖版显示,如右图所示。

提示:开通直通车有两个要求,一是店铺成交量要满11笔;二是店铺的相关评测分值要高,才可开通直通车。

2.3.2 直通车设计的注意点

直通车设计,一是要突出主题对象,二是文案搭配要放在视觉中心,起到吸睛的效果,同时要有一个抢眼的标题。

> **提示：** 以上图为例可以看出，在做直通车图时通常会加一些圆形元素，以达到吸睛效果。

下面以手机和水果为例看一下直通车的效果，如下图所示。

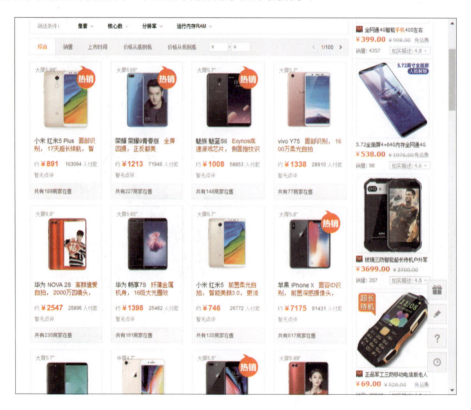

制作直通车需要注意的几点：① 突出主题；② 强调买点；③ 文案精练；④ 多参照同类作品。

2.3.3 钻展是什么？

钻展和直通车的区别如下：钻展是点不点进去都会扣钱，以展示的次数扣费，直通车是根据点击的次数扣费；二者展示的尺寸不一样，直通车的尺寸是800x800像素，而钻展的尺寸是多样的。钻展不但可以在淘宝网内展示，还可以在其他网站做推广，称为站外广告，钻展广告是一个全网广告。新浪网中的钻展如下图所示。

如何确定是不是钻展？非常简单，当将鼠标指针放在一张图片上时，在页面的左下角会有一个链接，当有"ecpm"字样的链接出现时，就称之为钻展，如下图所示。

提示： 在淘宝网的首页520×280的焦点部分，首图和尾图都是淘宝自己的店铺，是不计费的。

1. 钻展设计要求

① 电脑端淘宝首页焦点图的尺寸为520×280像素，图片大小不能超过80KB。

② 手机端淘宝首页焦点图的尺寸为640×200像素，图片大小不能超过72KB。

③ 淘宝首页焦点图的右侧小图尺寸为170×200像素，图片大小不能超过26KB。

2. 钻展图片要素

① 拍摄图片时需要考虑构图和采光，拍摄出的图片需要清晰，方便进行后期处理。

② 在制作淘宝钻展图片时，需要添加上店铺的LOGO和名称信息等。

③ 淘宝钻展中的促销文案主要以创意为主，也可以以促销价格为主。

④ 淘宝钻展的整体设计需要注意色彩搭配、文字排版和布局。

第3章 淘宝宝贝拍摄技法

淘宝上那些吸引人的照片都是拍摄出来的，因此我们首先需要学会拍照，而且需要掌握一定的方法来拍摄出好看的照片。如果卖家没有钱请专业摄影师，就只能自己动手拍。一般情况下，"层次"丰富的照片才能更加吸引人，那么怎么才能做到有层次感呢？本章就来学习一下淘宝宝贝拍摄技法。

专业数码单反摄影基础知识

其实想拍出一张"层次"丰富的照片并不难,通过一些简单但非常有效的拍摄方式,就可以让你的照片非常有层次感。首先我们来学习一些专业数码单反摄影的基础知识。

3.1.1 光圈、快门、感光度

拿到相机后,首先我们需要选定拍摄模式,然后根据具体的场景来设定光圈、快门、ISO(感光度)。

(1)光圈

① 光圈可以看似一扇窗户,大的时候进光量多,小的时候进光量少。

② 光圈在相机里显示为"f/xxx",如 f/16。

③ "f/xxx"中显示的数字越小代表光圈就越大,如 f/2 是大光圈,f/16是小光圈。

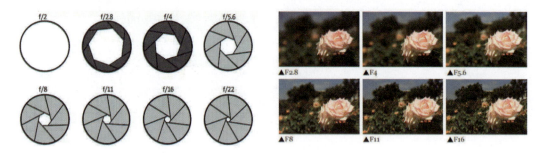

(2)快门

① 快门越快则进入的光线越少,快门越慢进入的光线越多。

② 高速快门在相机中显示为 1/xxx s,如 1/500s、1/2000s。

③ 大多数相机的快门最快可以设定为 1/4000s 或 1/8000s,最慢可以设定为30s。

④ 用 B / Bulb 快门可以代替超过 30 s 的快门。

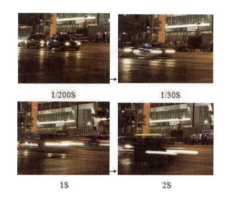

（3）ISO（感光度）

① 感光度就是相机底片/感光器对光的敏感程度。

② 通常ISO设置得越高，越利于在暗的环境里吸收光线，或者是在相机快门快，光圈小的情况下使用。

③ 相机设置的ISO 越高，噪点越明显，相片质量就越差。

④ 通常相机的ISO 可以设置为50～12800 或更高。

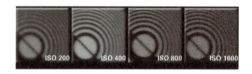

快门、光圈和感光度这三个参数的作用和效果可以通过下图来对比理解。

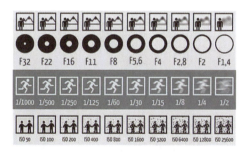

（4）拍摄时设定"光圈、快门和ISO"的步骤

在理解了上面的三个基本概念后，我们在实际拍摄时又需要怎样思考相机的设定呢？简单来说，通常我们会按以下的方式来思考。

① 假定"手持拍摄"。

② 设定拍摄模式，如光圈优先 (A/Av-Mode)。

③ 确定拍摄的题材，如产品静物相片。

④ 上面设置了光圈优先模式，所以要根据需要设定光圈值和ISO值。

通常先设定 ISO值。

① 在光线充足的情况下，可以使用低的 ISO 值来保证相片质量，如 ISO50、100或200。

② 当光线不充足时，可以设置适当的高 ISO值，如 ISO800、1600、3200 等。

然后设定光圈值。

① 在光线充足的情况下，应使用小一点的光圈，通常设置为 f/8～11 的最佳光圈值，但不要使用最小光圈值。

② 在光线不充足的情况下，应该使用大一点的光圈，如设置为 f/2.8～4。

③ 在拍人像时需要拍出浅景深的效果，可以放大光圈；拍风景时可以缩小光圈。

再设置快门值。如果拍摄时快门偏慢（如1/2s），应根据情况提搞ISO值，或者放大一点光圈，直到快门达到安全水平。

最后按下拍摄按钮。

3.1.2　摄影构图

摄影过程中首先要解决的就是构图问题，构图的好与坏会直接影响摄影作品的成败。摄影构图与绘画构图有许多共通的地方，通过绘画构图的学习也可以提高我们的摄影构图能力，其中有些东西是可以相互借鉴和学习的，只有将摄影构图的方法和技巧掌握熟练，才能在摄影创作实践中"如鱼得水"。本节总结出摄影大师的9个常用构图技巧。

1. 三分法

三分法就是将被摄主体或者重要景物放在如图所示的"九宫格"交叉点的位置上。主体的最佳放置位置就是图上"井"字的四个交叉点。通常会选择右上方的交叉点为最佳点，其次是右下方的交叉点。但这种选择也不是一成不变的，如右图的荷花就选择了左下方的交叉点作为最佳位置。这种构图方法会使主体成为视觉中心，比较符合大众的视觉习惯，突出主体，构图简练，表现鲜明，并使画面整体均衡。

2. 引导线

引导线就是利用照片中的一些特定线条去引导人们的目光，让人们的目光最终汇聚到照片的焦点上。当然，引导线并不是专指画面中具体的线，也可以是画面中具有方向性的或者连续的内容，这些都可以作为引导线。

在拍摄的过程中，我们可以将河流、桥梁、道路、整齐排列的树木或者建筑构件的阴影作为引导线来使用。例如，下图就是将桥梁的通行路线作为引导线来使用的。

3. 对角线

对角线就是把拍摄的主体放置在画面的对角线上，利用画面中的对角线来统一画面中的元素，同时也可以使客体与主体产生直接关系。

如下图所示，通过对角线构图可以使画面更加动感、活泼，容易使线条产生汇聚趋势，并吸引人的目光，从而突出画面主体，使画面不至于呆板。

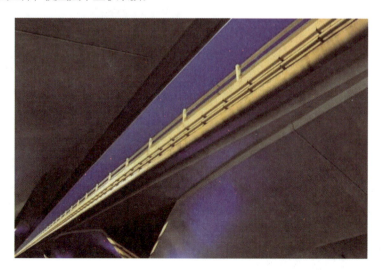

4. 框架

如下图所示，选择框架式的前景构图，能够把人们的视线引向框架内的建筑物，突出建筑主体，同时也能制造出画面的纵深感。通过框架将主体包围起来，可以营造一种神秘气氛，如同一个人从暗处窥视某个事物或者地方。

框架式的构图可以赋予画面更大的视觉冲击力，并将主体内容和背景融为一体。拍摄者需要仔细观察景物，充分利用各种各样的框架元素，比如门、拱廊、窗口、洞等。

5. 前景与纵深构图法

如下图所示，有时候为了表现照片的纵深感，达到层次丰富的效果，可以使用突出前景这种常用的拍摄技巧，这种构图方式也有助于吸引观者的目光，并有效地增强画面的艺术效果和视觉冲击力。通常，画面中的花朵、栅栏、石块、小溪等都可以成为前景。

6. 填充画面

下图所示的这种填充画面的构图方法就是尽量靠近拍摄主体，让主体填满画面，而主体周围留很少空间甚至不留空间。这种构图方法既可以营造视觉冲击感和压迫感，也有助于观者完全关注拍摄主体而不受任何干扰，并且还能够让人们尽可能地看到主体的细节。

7. 对称式构图法

如下图所示，通常在表现对称的建筑物或者主体对象时可以采用对称式构图，这种构图具有平衡、稳定、统一的特点，其缺点是过于呆板、没有变化。

8. 寻找纹理、重复元素

花纹、浮雕、建筑构件、拱门、廊柱和窗户的形状及纹理很容易吸引人们的目光，将这些作为画面的视觉主体，然后搭配光影效果便能表现出特别的质感。

如右图所示，通过纹理及重复元素可以给人一种次序感，但如果处理不好也会让观者感到枯燥和乏味，因此画面中最好有一些对比元素，可以是人、物或者色彩的对比。

9. 黄金三角形构图法

如右图所示，黄金三角形构图就是在画面中左右两边形成两个直角三角形，然后将画面的主体元素放在交叉的地方。

3.2 商业摄影实战拍摄

商业摄影作为一种商业行为，具有宣传性和审美性，其目的是以优秀的摄影作品来表达各类企业的商业广告信息内容。商业摄影也是一种广告形式，是从视觉上美化商品的广告形式。商业摄影主要是推广企业文化和宣传产品，其原则是引起消费者的注意。

现代商业广告中，文字形式已经逐渐被图片替代，且图片广告成为现代商业广告中的主流形式。如右图所示，商业摄影由于传达的广告信息具有宣传性、有效性、清晰性和直观性等特点，已受到众多商业广告的青睐，并且得到广泛的应用。

3.2.1　产品摄影三大要素

一般的淘宝商家对产品摄影还是比较陌生的，他们平时接触产品摄影的机会很少。因此有很多淘宝商家都会将产品交给摄影师进行拍摄，这样可以得到更专业的产品拍摄效果，并且能够吸引更多客户。当然淘宝商家也可以自己动手拍摄产品，下面来介绍一下产品摄影的三大要素。

1. 产品特点

产品摄影的主角就是产品本身，所以在拍摄之前我们应该根据不同产品的特性，决定拍摄时产品的位置、角度和拍摄的方法。在色彩选择方面也需要根据产品的颜色来决定，如果产品是深色或者黑色，那么背景颜色最好用白色或者浅色，反之亦然。如下图所示，不同背景可带给产品不同效果，设置黑色或深色的背景会带给客户专业、高端和帅气的感觉，有很多化妆品、首饰广告都用黑色或深色背景。

另外，产品拍摄的摆位和角度都要根据产品自身的特点来决定。专业的产品拍摄会以眼球追踪技术来测试广告效果，一个成功的产品广告，可以使顾客第一眼就注意到该产品的特点。

即使没有专业的拍摄设备，在拍摄产品照片时也要凸显产品的特点。产品的特点需要摆在最吸引人的位置，而且通过明亮的光线来表现。如果产品的特点比较分散，并且光线也很难照射到，我们可以用反光纸或者镜子，把光线反射到需要的地方，令光线更平均。

2. 光线

拍摄照片的最重要元素就是光，产品摄影更是需要运用好光线。一些效果不好的产品摄影很大程度上是光线运用得不好，只是将光照射到产品上了，这样的产品摄影照片中阴影显得很凌乱，并且没有美感。产品摄影可以使用多个角度的灯光来平衡光线和产生合适的阴影，如下图所示。

假如拍摄产品时，根据产品需要使用的不是白色灯光，那么应该先调校好相机的白平衡。另外，拍摄时需要比较平衡的光线，如果光线太强，会出现镜头眩光，产品的阴影部位会变灰。所以对于光线的把握非常重要，不宜过亮也不应该太暗。拍摄时尽量不要使用灯管，因为灯管的光是不连续的，若我们使用较快的快门拍摄，就很可能会出现灯光闪动的情况。

3. 善用拍摄工具

网页上的图片一般都会压缩，所以在拍摄网上的商品时不一定非要使用单反相机。一般使用专业数码相机就可以了，因为专业数码相机也都带有闪光灯热靴，并可自定PASM模式，当然用单反相机可以达到更好的效果。如果使用专业数码相机一般推荐使用光圈优先模式，如下图所示。因为使用光圈优先模式来控制景深是最容易的，并且可以根据光线的强弱来调整光圈。

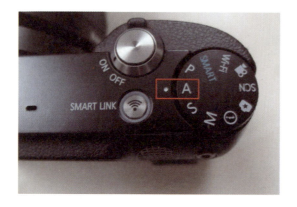

如果拍摄时使用的是台灯，那么由于光线是直射的，就需要用牛油纸来对光线进行柔化，这样照射到产品的光线会更加平均和柔和。相机的感光度也应该调到最低，这样可以避免出现过多的噪点，影响拍摄质量。但是如果台灯的光线太弱了，光线不充足就要用较慢的快门，这时要防止拍摄时出现相机抖震，就需要一支稳定的三脚架，如下图所示。

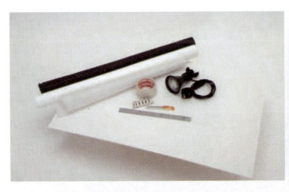

3.2.2　服装拍摄技法

淘宝店铺中根据不同的服装特点,展示的手法多种多样,一般有以下几种方式。

① 室内模特拍摄。

② 外景模特拍摄。

③ 服装平铺拍摄。

那么,为什么需要平铺拍摄呢?

一是淘宝店铺服装展示分为两个部分：模特上身造型照片和服装平铺细节效果图,这样可以详尽和细致地展示服装,这也是大多数淘宝店铺最好的选择。

二是淘宝店铺的所有服装展示都是采用的平铺效果图,很多卖家不愿意花时间和金钱来找模特拍摄,但是又希望店铺有很好的服装展示效果,这时就可以选择使用服装平铺的拍摄方法。因此服装平铺拍摄就显得尤为重要了。

如上图所示,服装平铺拍摄效果显得整齐划一,清爽干净,可以让买家对店铺产生一个良好的整体印象,树立店铺的良好形象。

1. 如何组建小型摄影棚

淘宝店铺拍摄精美的产品照片就是为了产品宣传和销售。但是如果达不到预期需要的灯光效果,或者照片不能反映商品的细节、颜色和特征怎么办呢?这些可能都是没有达到基本的摄影要求就去拍摄商品照片而造成的。如果用户对拍摄的照片质量有一定的要求,那么不论是淘宝店家还是产品摄影师,都应该搭建一个摄影棚,这对于整个产品拍摄是十分必要的。

下面我们来看一下组建简单的摄影棚需要哪些东西,对于平铺拍摄来说,对器材的要求并不是太高,有以下四点。

① 一台数码单反套机(入门型),配一机一镜即可。

② 一个摄影灯套装组合(两只300~600瓦的室内闪光灯,建议600瓦)。

③ 两个柔光箱,两个灯架,2~3块反光板。

④ 搭建一个简易的10m^{2}左右的摄影台,背景为白色。简易拍摄台如下图所示。

2. 背景和道具的选择

现在已经过了"酒香不怕巷子深"的年代，对于淘宝服装卖家而言，服装展示图片对于网店尤为重要，如果没有好的服装展示图片，即使衣服款式再好，质量再好，最终可能还是卖不出去。淘宝服装网店要想吸引买家的眼球，并让其购买，精美的宝贝照片就显得非常重要了。在拍摄服装产品前，我们还有许多工作要做，首先我们需要选择合适的服装背景。

通常服装背景有以下几种选择。

① 木地板。背景的选择不仅要衬托服装颜色，还要和整体的服装风格搭配，背景要做到平整无皱，并且颜色不影响服装的完整性，也不能产生太强的反差对比。在原木的木地板上拍摄能够衬托任何色彩的服装而不抢眼，因为木头的颜色是最自然的色彩，如下图所示。

② 背景纸。可以选择表面尽量不反光的、有一定厚度的纸作为背景。可以根据服装的颜色和款式选择不同颜色的背景纸。通常为了好搭配颜色可以选择浅色系的，如粉色、浅蓝色、浅灰色或者浅黄色等，如右图所示。除此之外，还可以配上一些漂亮的花饰、胸针、腰带和小饰品作为服装的装饰物，也可以搭配一些店铺的围巾、手套、眼镜、包包等配饰，既能美化拍摄效果又能提高店铺周边产品的销量。

白色的背景纸是使用最多的背景纸，因为后期我们可以根据需要进行抠图，然后换其他的背景图，当然也可以根据需要直接使用。

选择的背景纸一定要大一些，2m×2.5m的尺寸最合适。背景纸千万不要选择又薄又皱的，要选那种又厚实，又不容易打皱的。

③ 背景布。背景布尽量选择耐用性好的，较为厚实的，使用前需要进行熨烫。

提示：咖啡色系的背景布使用率非常高，可以很好地展现服装的质量和档次，如右图所示。

背景选择好之后，拍摄时还需要搭配一些道具，这样能起到事半功倍的效果。卖家精心准备的道具既可以强化拍摄的主题，又可以作为拍摄服装的陪衬，提升整个照片的画面效果。

道具的选择也有很多种，比如书籍、包包、眼镜、咖啡、手表、围巾、手套、鞋、相框、鹅卵石、花篮、家具小饰品等。至于具体的道具需要根据服装的风格、色彩、款式进行选择，当然也可以参考优秀卖家的搭配，如下图所示。

3. 服装的摆放技巧

（1）男装的摆放技巧

男装在平铺拍摄时主要需要体现男装的立体感和质感。衣服的其他地方可以是平的，但是领子和袖口要有穿在身上的感觉，要有立体感，就如同有一个透明的人穿着，如下图所示。卖家可以把报纸、布料和毛巾等塞在需要体现立体感的部位，如领子、袖口、帽子和口袋等部位，来达到效果。

（2）T恤的摆放技巧

T恤的摆放需要从腋下位置延至下摆，然后根据衣服的腰身将部分叠入背后遮挡起来，如下图所示。这是因为身体是立体的，T恤穿到身上，我们从正面看过去，腋下和侧身的部分几乎是看不到的。如果我们直接平铺就会有种不协调的感觉，而且会显得T恤不平整。

（3）衬衣的摆放技巧

① 衬衣腰身一定要收一下，男式衬衣要中规中矩一点，女式衬衣的腰跟胸部的外轮廓要有弧度，一定要根据身体结构来摆放。

② 衬衣袖子一般都要折一下，特别是腋窝的位置，一定要折进去，根据人体结构要有褶皱，整个板型不能太平，袖子要有修长的感觉，如下图所示。

（4）裤子的摆放技巧

① 腰口需要形成一个倒立三角的效果。

② 门襟的拉链要拉开，左边的拉向一边。

③ 裤脚可以挽起来，这样方便看到里面的材质，也不显单调。

④ 裤管需要有布褶。做布褶的方法是先把裤子外面的两条裤管拉上去，而里面的裤管不动，这

样就形成了很多布褶,然后根据拍摄的需要慢慢地拉下裤管,对布褶进行取舍,一定要根据人体结构来做布褶,如下图所示。

4. 风格搭配效果

不同风格的服装要有不同的配饰来搭配,如下图所示。

5. 服装与相机位置

服装平铺拍摄的时候,我们需要思考相机的放置位置和摄影师站立的角度,下面来了解相关内容。

① 在没有拍摄台的情况下可以直接把服装放地上进行拍摄,摄影师可以站立。因为在镜头里会出现近大远小的透视效果,所以在服装平铺拍摄中为了避免拍摄出来的衣服变形,需要让镜头垂直衣服进行拍摄。摄影师站在架子上,相机保持与地面平行进行拍摄,当然如果条件允许最好使用三脚架辅助拍摄,如下图所示。

② 如果有拍摄台,将服装放置好后,摄影师可以站在凳子或架子上进行拍摄。拍摄台也可以用木板蒙上一层白布来代替。拍摄时,背景板倾斜靠在墙上,倾斜的角度可以调整,直到板上的衣服看上去很自然,如下图所示。

③ 悬挂拍摄方法。将衣服悬挂起来,设置好背景,然后将相机架在三脚架上正对拍摄,如下图所示。这种拍摄方式是比较轻松的,但是有些不方便悬挂的衣服就不适用这种拍摄方法了。

6. 正确摆放摄影灯

要拍摄一张好的服装产品照片,灯光是非常重要的,它不仅可以体现服装的风格,还可以展现服装的质感。

① 对于布料比较粗糙的服装,拍摄时光线角度最好低一些,适合采用侧逆光。

② 对于布料较光滑的服装,拍摄时光线适合以正侧光为主,同时辅助柔光和折射光。

③ 对于衣服上的饰品,需要保留高光效果,而对于有花纹的地方则应尽量降低反光效果。

④ 对于拍摄中出现的皮革制品,如钱包和鞋子等,一般用逆光和柔光,然后通过皮革本身的反光体现质感。

如果光线运用得不是很好,最简单的办法是购买全套的灯光设备,如下图所示,这样就可以调整多角度的灯光,以达到平衡光线和制造适合的阴影的效果。

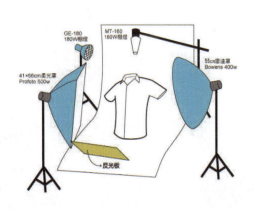 

7. 服装的展示图

对于淘宝商家而言，一套完整的服装平铺展示图，应该包括正面、背面，以及各部分的细节图，如下图所示。

3.2.3 透明产品的布光技巧

拍摄透明的产品需要合适的补光技巧才能表现出透明的效果。这些透明产品包括各类玻璃制品和各类液体。商业摄影中比较常见的题材就是玻璃类的产品，玻璃制品的特性是表面非常容易产生各种反光效果。为了充分表现透明产品，就需要体现出它们通透的质地和丰富的色彩，并产生清晰的轮廓线，同时要避免过多的反光效果。所以拍摄透明产品时，用好光是最重要的，当然也要根据需要选择合适的背景。

最常见的布光方法有以下5种。

1. 浅背景的布光

如果用白纸或浅色背景，可以将灯光直接打在背景上，利用反射光照亮玻璃杯，使其杯体通透，并呈现黑色轮廓线条的效果，如下图所示。

2. 黑背景的布光

以深色作为背景，可以使用柔光箱从两侧打光，或在顶部打光，两侧使用反光板来产生反射光，勾勒出白色线条效果，如下图所示。

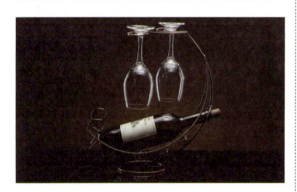

3. 背景中间亮、四周暗的渐变色布光

如果需要打造这种效果，可以将打到背景上的灯光照明范围缩小些，背景部分也需要离透明产品主体稍远，以便能够形成中间的亮区。然后可以根据需要来调整灯的距离，改变亮度和照射范围，并控制灯光在画面上的大小，以获得合适的拍摄效果，如下图所示。

4. 上明下暗的渐变调布光

如果需要获得上明下暗的渐变背景效果，可以将底板换成黑色的背景板，背景板需要有一定的反光特性，我们可以在顶部使用柔光照明，略靠后照亮远处，然后就可以获得较多的背景反光；而靠前的底板部分，光线应该暗一些，如下图所示。

5. 透明液体

对于装了红酒、啤酒或橙汁等液体的器皿，我们可以使用投射布光的方法来提高液体

的色彩饱和度，以获得浓艳的色彩效果，表现不同的液体质感，如下图所示。

3.2.4　产品摄影注意事项

① 拍摄前，需要仔细清洁产品，避免表面有灰尘及污迹。

② 清晰展示产品特性及吸引人的地方。

③ 保持背景干净，最好用黑底或者白底。

④ 找到适当的光源角度与强弱，适当使用闪光灯。

⑤ 若有同一系列产品，应一次拍完，以免光线有太大区别。

第4章
每个设计师都有自己的素材库

每个设计师都应该有自己的素材库。因为只有管理好自己的素材库，才能高效地工作，为设计提供所需的素材。本章将介绍如何建立一个素材库。

4.1 为什么需要建立自己的素材库？

很多人觉得只要会搜索素材就行了，网络上有很多可用的素材，不需要自己建立素材库。但这种想法是大错特错的。

首先，我们不能保证在网络上搜索到的内容都是正确有用的。网络上的素材不成体系，没有规律可循。依靠临时搜索解决问题，无异于在大海中捞针，其效果可想而知。

其次，即使搜索到的素材能够勉强使用，工作效率也是很低的。设想如果因为临时搜索一张店铺首页素材图片，或者一张店铺配图而花了大量的时间，那感觉如何？

所以这种临时搜索的方式也只能临时使用，总体上是浪费时间的。充分而有效的准备工作，能够减少工作时间，提高工作效率。因此，我们需要建立自己的素材库。

4.2 如何建立自己的素材库？

作为一个优秀的设计师，除了扎实的设计表现能力之外，还需要良好的口才与优秀的沟通能力，以及专业素养。设计师不只是一个简单的执行者，还应该作为沟通的桥梁和解决问题的人。

设计师不仅需要了解行业的动态，还需要具备很高的审美水平，在这个过程中需要收集大量的设计案例，同时需要虚心请教更有经验的前辈，建立属于自己的素材库，并且经常关注优秀网站的素材分享。

那么，如何建立自己的素材库呢？主要有以下几种方法。

1. 网站选择

如果你想成为优秀的设计师，首先要选择优秀的网站，多看优秀的作品，并尊重他人的劳动成果。

2. 购买素材库

用户可以在素材网站上购买电子版的素材，如下图所示。

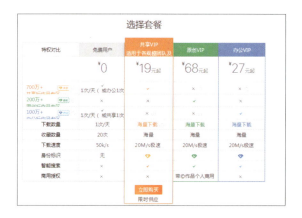

3. 积累素材库

除了上面的方法，设计师还可以将自己平时创作的设计作品，朋友和同事创作的设计作品慢慢积累下来，形成自己所独有的素材库，如右图所示。这类素材库往往更具有实用性，因为这样收集的素材都是符合自己的设计需求的。

4.3 如何管理素材库？

我们有了素材库之后就要进行管理，管理分为分类和存放。

1. 分类

依照每个人的习惯不同，分类方法也会不同。通常情况下，我会存一些自己常用的标志、广告、排版、配色、摄影图片、图案、网页、纹样等，如下图所示。一般做新的设计项目时我会下载很多可供参考的素材，设计项目完成后可以将不需要的删掉，保存喜欢的素材。

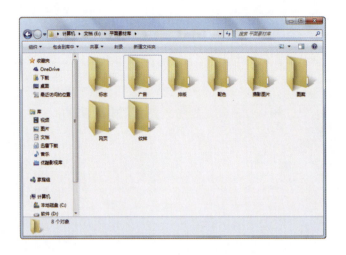

2. 存放

分类好的素材库，设计师既可以存放到自己常用的计算机硬盘中，也可以存放到移动硬盘中，还可以存放到公司的共享硬盘中，以及存放到云端。最好多存放几个地方，方便使用，也可防止数据丢失。

完成搜集和分类，有了素材库的积累就可以了吗？答案当然是否定的。因为很多设计师都会创建自己的素材库，但他们收集完之后就放在那里了，不会再回头去欣赏和分析这些优秀的作品。因此，这里需要指出的是，我们需要分析这些收藏的设计素材，无论是排版、配色、文字、图形还是其他，每个作品都会有优秀的地方，要针对不同的设计风格进行单独的分析思考，扩展思维，发现不同的地方。

3. 素材管理原则

① 文件夹嵌套不宜过多：不要超过3个文件夹嵌套，剩下的通过命名、标签去整理，如下图所示。

② 在非系统磁盘建立素材库文件夹后，可以把素材库文件夹和常用文件夹建立快捷方式到桌面，以便快速找到文件（既不会对系统盘造成影响，也可以减少跳转到该文件夹的步骤）。

③ 采用自己习惯的分类、属性标签。

4.4 推荐设计网站

好的设计作品需要优秀的素材做支撑,那么我们到哪里去找优秀的素材呢？这里推荐一些优秀的素材来源。这当中有网站,有PSD素材站,有高清图片网站,有搜集UI元素的博客,有视觉稿合集,这些免费的素材就是我们的灵感库。

1. Veer

Veer创意图片网站主要包含各类素材照片、矢量素材、插画和PPT素材等。网页内对各类素材图片进行了较为全面的分类,如自然和风景、宠物和动物、商业和金融、科学和技术、教育、家庭、医疗保健和医学、饮食、季节和假期、特别场合、健身和健康、时尚与美丽、体育和娱乐、情绪和感觉、旅游目的地、工作和职业等,如下图所示。

2. Behance

Behance网站主要包含各类素材照片、矢量素材、交互设计、动画、声音、游戏设计、手工艺、建筑、广告和插画等,如下图所示。

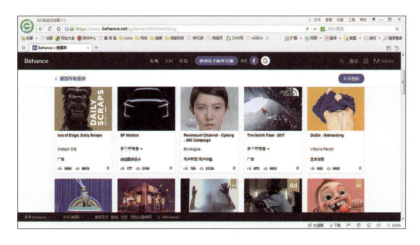

3. PSDDD.co

PSDDD.co网站主要包含各类矢量素材、交互设计、图标和按钮等，如下图所示。

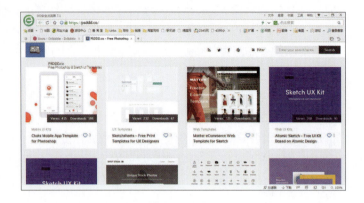

4. 包图网

包图网主要包含各类矢量素材、电商素材、办公素材、商业素材、插画素材和视频素材等，如下图所示。

5. 昵图网

昵图网主要包含各类招贴素材、海报素材、多媒体素材和广告素材等，如下图所示。

6. Subtle Patterns

Subtle Patterns网站主要包含各类纹理素材，如下图所示。

7. 懒人图库

懒人图库网站主要包含各类PSD素材、照片素材、多媒体素材、网页素材、PNG图标、矢量素材和JS代码等，如下图所示。

8. Adobe Color CC

Adobe Color CC网站主要是提供各类配色设计，如下图所示。

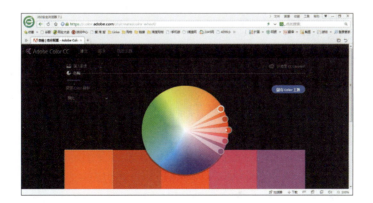

9. Gridzzly

Gridzzly可以提供打印网格线纸张，用带网格线纸张来提高设计的精确性，如下图所示。

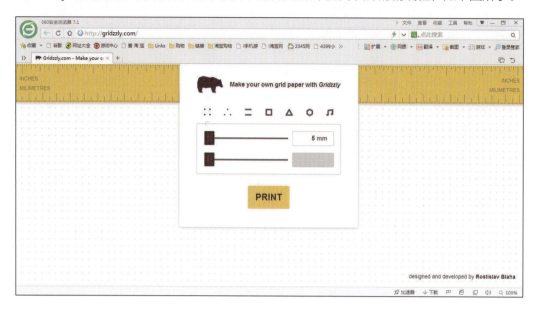

10. MakeAppIcon

MakeAppIcon网站主要是利用各类素材来制作你所需要的图标素材，如下图所示。

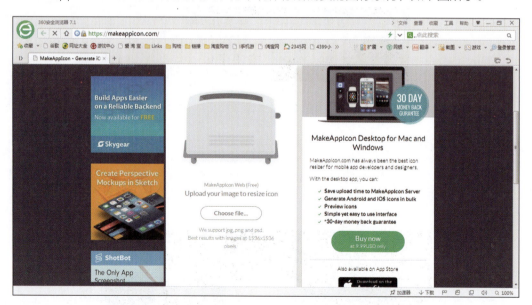

11. 500px

500px网站主要包含各类高精度的摄影照片素材，如下图所示。

12. FBRUSHES

FBRUSHES网站主要包含各类笔刷、图样及纹理素材，如下图所示。

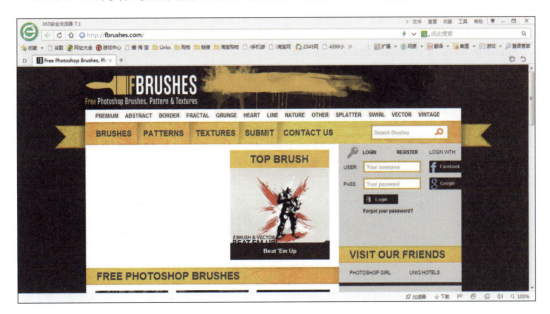

13. 花瓣网

花瓣网主要包含各类素材照片、插画和设计素材等，如下图所示。

14. Instagram Filters

Instagram Filters网站提供了各种照片滤镜处理效果，如下图所示。

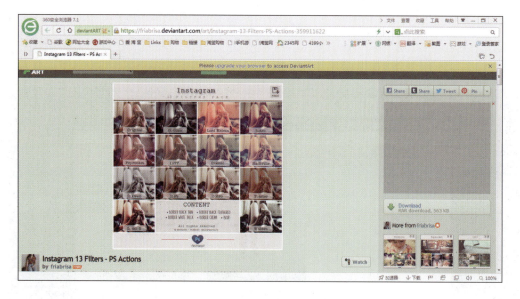

15. COLOROTATE

COLOROTATE网站提供了详尽的各类色彩设计方案，如下图所示。

16. FREEIMAGES

FREEIMAGES网站包含了各类照片素材，比如风景、动物、商业、教育、家庭、饮食、时尚、体育、娱乐、宗教和纹理等，如下图所示。

17. 素材中国

素材中国网站主要包含各类电商素材、照片素材、多媒体素材、网页素材、矢量素材和广告素材等，如下图所示。

18. 站酷

站酷网站主要包含各类电商素材、照片素材、插画素材、网页素材、海报素材和广告素材等，如下图所示。

第5章

淘宝平面与美学设计

淘宝美工是淘宝网店或者网站页面美化工作者的统称。淘宝美工的主要工作有网店设计和图片处理，包括设计主图、详情页等。但如果想要成为一位优秀的淘宝美工，不仅需要了解淘宝店铺的设计流程和设计软件的应用方法，还需要学习平面与美学设计知识，只有不断提高自己的审美水平和设计能力才能出类拔萃。本章将详细介绍平面与美学设计的相关知识。

平面设计基础知识

设计包括很广的范围和门类,即陶瓷、工业、环艺、建筑、展示、服装、雕塑等,而平面设计和现在学科之间的交叉非常的深广,涉及的范围也很广,可以分为广告设计、CI设计、包装设计、书籍装帧设计、图案设计、网页设计、字体设计和海报设计等,还可以分为商业设计与艺术设计,可以说有多少种需要就有多少种设计。这也许与平面设计的特点有很大的关系,从范围来讲,只要涉及印刷的都和平面设计有关联。淘宝美工设计的范畴和这些内容也是交叉的,比如在淘宝店铺装修时就需要用到形象系统设计、字体设计、海报设计、排版设计等平面设计的相关知识。

5.1.1 平面设计的概念

平面设计是设计思维的表达形式之一,在平面设计中设计师需要用视觉元素来表达他的设计构想和过程,用文字和图形语言把这些设计创意传达给大众,让人们可以通过这些视觉元素和图形语言了解设计师的设计构想。一个平面设计作品的好坏,应该看它是否能够打动他人,是否能够传递出设计背后的信息,依靠设计的魅力来征服观者。事实上,平面设计师所做的事情是非常系统的,需要调查对象,需要了解产品,需要了解市场,你的设计代表着客户产品的推广,客户需要你用设计去打动顾客,平面设计就是一种与特定市场有着密切联系的艺术。

5.1.2 平面设计的特征

设计是现代商业社会下的产物,并且是科技与艺术的结合体,平面设计需要优秀的创意和平衡的设计表达,需要借设计创意替委托人表现各类商品的特征。

平面设计与美术不同,因为平面设计不仅需要符合审美需求,还需要具有一定的实用性和技术性,真正地做到以人为本。平面设计是一种商业需要而不仅只是装饰和装潢。

平面设计需要精益求精,不断完善,设计师需要不断挑战自我。平面设计主要在于发现,只有通过不断感受和体验才能做到,打动用户对于设计师来说是一种挑战。设计既可以通过足够的细节来打动人,也可以通过图形创意打动人,还可以通过设计的色彩品位或材料质地打动人,把设计的各类视觉元素进行有机的艺术化组合,最终形成设计的创意表达。

5.1.3 淘宝美工的知识结构

学习设计要求设计人员具有多元化的知识结构,淘宝美工也需要获取这些多元化知识,我们可以通过下面的方式来获取信息。

① 学习淘宝美工需要从点、线、面的认识开始,学习掌握平面构成、色彩构成、立体构成、材料构成和透视学等基础知识;淘宝美工需要具备客观的视觉经验、发散的形象思维,掌握视觉的

生理学规律。

② 作为淘宝美工应具备良好的视觉图形表达能力，设计师的创意都是通过设计草图的形式表达出来的，所以草图的表达也是淘宝美工的设计基础。

③ 淘宝美工可以根据自身的情况学习传统课程，如陶艺、版画、水彩、油画、摄影、书法、国画、黑白画等，这些课程都将在不同层次和程度上加强你的动手能力、表现能力和审美能力，更重要的是通过不断学习，在其中发现你自己的个性，也是一个长期的过程。

④ 我可以开始设计淘宝店铺了吗？当然不行，除了以上的学习以外，淘宝美工设计还需要具备各种各样的背景知识，比如淘宝店铺的页面设计、图片处理、专题设计、静态页制作、HTML、CSS+DIV、网站优化、网站切图、制作静态页、和程序员配合等。

5.1.4 对淘宝美工的要求

首先，成功的淘宝美工应具备以下几方面能力。

① 非常灵敏的感受能力。

② 非凡的创造能力。

③ 对设计作品的鉴定能力。

④ 对设计思维的表达能力。

⑤ 比较全面的专业技能。

现代淘宝美工必须具有宽广的设计视角、丰富的专业知识；必须具有创新精神并能解决问题，应考虑市场反应、市场效果，力求设计出的作品对社会和市场有益，能提高人们的审美能力，并使之获得心理上的愉悦和满足。优秀的淘宝美工有自己的表现手法、合乎逻辑的创意点。

其次，淘宝美工一定要自信，坚信自己的经验、眼光、品位，设计作品不为个性而个性，不为设计而设计。作为一名设计师，遇到各类的问题都要认真总结经验，用心思考，反复推敲，并分析、汲取同类型的优秀设计的精华，在自己的作品中不断创新。

再次，淘宝美工设计作为一种职业，需要设计师具有较高的职业道德和完整的人格，所以设计师必须注重个人素养的提高。

最后，很多有个性的设计都源自本民族悠久的文化传统，设计师可以在民族和传统文化中提取各种设计元素应用到自己的设计中，并将其发扬光大。

5.2 淘宝美工设计要素

通过上面的学习，我们了解了平面设计与美学的相关基础知识，那么如何将这些知识应用到淘宝店铺装修设计中呢？在店铺装修设计中应该注意哪些问题呢？下面我们来学习淘宝美工设计的相关设计要素。

5.2.1 淘宝店铺设计要素

淘宝店铺的设计实际上就是一个网站的设计。而网站三要素就是内容、功能和表现，如下图所示。低保真原型解决了基础内容层面的问题，而高保真原型则规划了网站的功能和表现；内容是网站最基本、最重要的核心部分，是网站的页面逻辑。

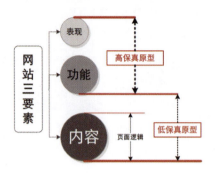

5.2.2 淘宝店铺的布局

做淘宝店铺装修，设计版面布局是第一步，如何做到版面布局既有创意又美观大方呢？这就需要一定的版面布局处理功底。版面布局的具体操作步骤如下。

1. 草案

淘宝店铺的页面就像一张白纸，没有任何东西，设计师需要尽可能地发挥自己的想象力，将想到的"内容"表现上去。这属于创作阶段，不必考虑细节功能，只以粗陋的线条勾画出创意的轮廓即可。

2. 粗略布局

在草案的基础上，将淘宝店铺需要放置的功能模块安排到淘宝各页面上，放置的过程中需要遵循突出重点、平衡协调的设计原则，先将淘宝店铺标志LOGO、主菜单、特价宝贝、活动推广、热销宝贝等最重要的模块放在最显眼、最突出的位置，再考虑次要模块的摆放。

3. 定案

将粗略布局精细化、具体化。

在版面布局的过程中，需要遵循的原则如下。

① 正常均衡。通常情况下，需要在布局中达到上下、左右对称的形式，主要强调平衡稳定，能达到使人感觉平稳、可信的效果，如下图所示。

② 异常平衡。通常是指在布局中既要有对比也要达到平衡，即在对比中求统一，此种布局能达到强调性、对比性和高注目性的效果，如下图所示。

③ 对比。通常是指在布局中利用色彩、图形和色调等元素来作对比效果，如下图所示。在所表现的内容上也可产生对比效果，比如古与今、新与旧等对比。

④ 空白。空白的布局既可以对比其他淘宝店铺表示突出卓越，又可以表示淘宝店铺的高品位，这种表现方法对体现淘宝店铺的格调十分有效，如下图所示。

⑤ 凝视。通常是指利用布局中的人物视线，使观者产生跟随注意的心理，以达到注视产品的效果，一般多由明星做凝视状，如下图所示。

⑥ 用图片解说。用图片解说可以更加快捷、准确地表达淘宝店铺的产品内容和形象，更能够深层次地表达情感，并传达给买家更多的心理因素，如下图所示。

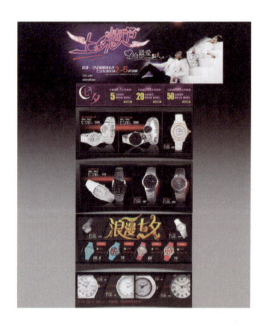

如果能将以上的版面布局设计原则领会并灵活应用到页面布局中，效果会非常好。

常用的版面布局形式有以下几种。

① "T"结构布局。"T"结构布局是指页面顶部为横条网站标志和广告条，下方左面为主菜单，右面显示内容的布局构图方法，如下图所示。因为菜单条背景比较深，所以整体效果类似英文字母"T"，故称为"T"形布局。这种布局是淘宝店铺网页设计中用得最广泛的一种布局方式。"T"结构版面布局的优点是页面结构比较清晰，主次分明，其缺点是整体页面较呆板，容易给人枯燥乏味的感觉。

② "口"形布局。"口"形布局是一种形象的比喻，网页布局中一般上下各有一个广告条，上面是主菜单，下面放友情链接等，中间则是主要表现的内容，这样就形成了个"口"字形，如下图所示。"口"形布局的优点是可以充分利用版面，表现出的信息量大，其缺点是页面比较拥挤，不够灵活。

④ 对称对比布局。对称对比布局一般采取左右或者上下对称的布局形式，一半使用深色，一半使用浅色，既产生对比效果又有对称的格局，一般用于设计性较强的店铺，如下图所示。其优点是视觉冲击力非常强，缺点是将两部分内容有机地结合在一起比较困难。

⑤ POP布局。POP布局就是指页面布局整体像一张宣传海报，以一张精美图片作为页面的设计中心，如下图所示。其优点是表现的内容显而易见且漂亮、吸引人，缺点是表现内容不够多。

以上总结了几种淘宝店铺常见的布局形式，其实还有许多别具一格的布局，关键在于创意和设计。

③ "三"形布局。"三"形布局的特点是将页面整体分割为三部分，色块中大多放广告条，如下图所示。

5.2.3 色彩的搭配

在淘宝店铺装修设计中,色彩的搭配起着非常关键的作用,很多淘宝店铺设计以其成功的色彩搭配令人过目不忘。但是,对于刚开始学习淘宝店铺设计的淘宝美工而言,驾驭好淘宝店铺设计的颜色搭配并不是一件很轻松的事情。淘宝美工首先需要学习各种色彩理论和方法,然后需要分析一些知名网站的颜色搭配方法,这样可以在具体的淘宝店铺装修时达到事半功倍的效果,并能够快速提高淘宝店铺设计制作水平。

网页上的所有颜色,在HTML下看到的都是以颜色英文单词或者十六进制方法表示的(如#000000表示黑色)。不同的颜色具有不同的含义,并给人各种丰富的心理感受和联想,下面举例来说明。

红色:热情、奔放、喜悦

黄色:高贵、富有、灿烂

黑色:严肃、阴暗、沉着

白色:纯洁、简单、洁净

蓝色:冷静、理智、清澈

绿色:活力、清新、生机

灰色:庄重、沉稳、平衡

紫色:浪漫、富贵、神秘

不同的淘宝店铺有不同的风格特点,也会使用具有代表性的颜色。淘宝店铺使用的颜色大概分为以下几种类型。

1. 公司色

目前,每个优秀的公司都把自己公司的企业形象做得非常到位,而每一个公司的CI设计中必然要有标准的颜色。如右图所示的淘宝店铺的主色调是黄色和绿色,形象宣传、海报、产品照片、广告使用的颜色都和公司主色调的颜色一致。

2. 风格色

很多淘宝店铺有自己的风格特色，也会使用和这种风格配套的颜色。比如海尔公司使用的颜色是一种中性的绿色，既充满朝气又不失创新精神。女性网站使用粉红色的较多，如右图所示，数码电子产品公司使用蓝色的较多……这些都是在突出自己公司的风格特点。

3. 习惯色

有一些淘宝店铺装修的颜色根据自己的喜好确定，以小型店铺居多，如右图所示。比如自己喜欢蓝色、紫色、黑色等，在做淘宝店铺的时候就倾向于选择这些颜色。每个人都有自己喜欢的颜色，因此这种类型的配色称为习惯色。

5.2.4 文字的选择

淘宝店铺装修中除了图片很重要外，次重要的就是文字。页面中的文字在设计中需要考虑排版，字体选择，字体颜色、大小、粗细等细节。

如果字体排版漂亮美观，就可以让人耐心看完文字内容，从而得到其中的重要信息，并且还可以影响到买家阅读的心情。同时，在字体的选择、大小和颜色设置过程中，还应该配合企业的CI

识别系统,并且需要表达一定的思想感情和风格特色。

文字的选择应该注重实用性和创意性,如下图所示。创意性很好理解,就是突破常规设计,配合自己淘宝店铺中的设计思想而选择相应的字体,或者自己设计字体,表达出一定的风格特点。

对于实用性问题,只需要让买家看着舒服、稍微带点自己的特色即可。

5.2.5 图片的选择

在淘宝店铺装修时,图片是最复杂和关键的设计元素。在决定淘宝店铺能否成功方面,图片扮演着非常重要的角色。简言之,选择一个完美的图片,可以使你的淘宝店铺脱颖而出,提高店铺竞争力。

1. 选择能与读者产生共鸣的图片

淘宝店铺中使用带有感情的图片能够影响到买家的情绪。如果选择的图片主题是欢快的,能引起有同样感受的买家的共鸣。所以卖家要明白你所针对的用户的感情是什么样的,需要慢慢斟酌,在挑选淘宝店铺图片之前,这是非常重要的。

好的淘宝店铺设计中使用的图片会产生情绪感染,即卖家和买家有感情相融的趋势,也就是说,你选择的图片要让你的客户和你产生共鸣,如下图所示。

2.选择具有震慑性的图片

如右图所示,选择具有震慑性的图片可以快速吸引买家的注意力,使买家注意图片上的重要特征——相关性。这些图像必须与该淘宝店铺的目的相关。震慑的目的是通过图像传达产品的信息,因此与产品无关的图片没有任何意义,无论它们是否能抓住买家的注意力。

3.选择具有吸引力的图片

如右图所示,淘宝店铺上图片的吸引力要具有长久性。当买家过了很久再次访问某家店铺时,他们仍然会记得在这个店铺所看到的这些图片。

4.选择有激励性的图片

如右图所示,淘宝店铺上的图像不仅需要看起来美观漂亮,同时也要能说服人们对店铺上的产品或服务采取积极的决策。这需要有一个内在的转化能力,关键点是通过图片激励人们做出明智的决策,能够快速产生激励买家购买产品的效果。

5.选择与品牌一致的图片

选择与品牌的产品、服务、价值观和目标一致的图片能够快速形成良好的品牌效应,如下图所示。

6. 选择针对目标顾客的图片

淘宝店铺一定有自己的目标顾客群体,所以可以选择针对目标客户群体的图片,如下图所示。这些图片将使买家产生深深的共鸣,并且可以提高店铺的影响度。

7. 图片的一致性

淘宝店铺是一种视觉性的产品信息传达,图片能够慢慢说服他们尝试一个特定的产品或服务。

因此，图片是至关重要的设计元素，它推动这种信息向前发展，这就是为什么保持图片的一致性如此重要，因为它可以给目标顾客留下深刻印象，如下图所示。

8. 图片的质量

一定要保证淘宝店铺中的图片质量，图片必须拥有符合页面的像素，清晰明了。这也是有些淘宝美工容易忽视的地方。

第6章
图片精修之修图技法

本章介绍淘宝店铺产品的抠图技巧，"抠图"是图像处理中最常见的操作之一，将图像中需要的部分从画面中精确地提取出来，就称为抠图，抠图是后续图像处理的重要基础。使用抠图功能可以快速且智能地帮助店家得到更加完美的产品图片。

什么是抠图？抠图又称去背或退底，就是把图片或影像的某一部分从原始图片或影像中分离出来成为单独的图层，主要是为后期的合成做准备。主要方法有用利用套索工具、选框工具直接选择，快速蒙版，钢笔勾画路径后转选区，抽出滤镜，外挂滤镜，通道，计算等。

抠图是将前景和背景分离的操作，当然什么是前景和背景取决于操作者。比如，下图所示为一幅饮料产品摄影照片，使用钢笔工具或其他工具把产品图像部分选出来，再删掉背景就是一个抠图的过程。

6.1 利用钢笔工具对产品抠图

淘宝店铺的宝贝图片，有时候需要将其进行抠图处理，如果这时使用快速选择工具进行抠图，看似产品抠取出来了，但是放大图片仔细观察会发现产品图片边缘有很多毛刺，效果非常差，因此，对于这种需要高精度抠图的产品图片，我们就需要使用钢笔工具来对产品进行抠图处理，这样出来的抠图的边缘是平滑的。本节将通过实例详细讲解这种抠图方法。

首先看一下产品抠图前后的对比图。

本实例主要使用钢笔工具，先来了解一下如何使用钢笔工具，学习之后就容易上手操作了。

钢笔工具一般集成在软件界面左边工具栏上，快捷键为"P"。顾名思义，图标形状跟钢笔笔头一模一样，如下图所示。

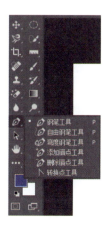

钢笔工具的使用方法如下。

① 画直线。调用钢笔工具后，在适当的位置放置锚点，如要绘制平行、垂直或者倾斜45°角的线段，可以在按住【Shift】键的同时绘制。需要注意的是，45°角定义的只是角度，不是位置，如下图所示。

② 画曲线。确定锚点位置后，按住鼠标左键拖曳即可调整直线的弧度，绘制曲线，如下图所示。

③ 当控制手柄是两个时，再一次放置锚点绘制的是曲线；绘制曲线后，如果曲线锚点的控制手柄有两个，单击确定下一个锚点位置后，会自动绘制曲线，如下图所示。

④ 当控制手柄是一个时，再一次放置锚点绘制的是直线；绘制曲线后，去掉锚点的一个控制

手柄，单击确定下一个锚点位置后，将会绘制直线，而非曲线，如下图所示。

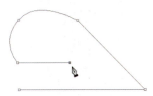

去掉锚点控制手柄有两种方法：一是使用工具栏中【钢笔工具】下的【删除锚点工具】按钮；二是按住【Alt】键，在要去掉的控制手柄一侧的锚点位置单击。

⑤ 控制锚点位置及手柄长短。按住【Ctrl】键拖曳锚点，即可移动锚点，调整锚点的位置；按住【Ctrl】键拖曳控制手柄，即可调整控制手柄的长短，如下图所示。手柄长短和弧度大小有关系。

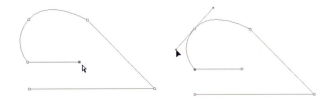

⑥ 控制手柄角度。按住【Alt】键，拖曳控制手柄可改变控制手柄角度，如下图所示。

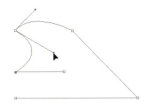

注意：按住【Alt】键改变控制手柄角度后，按住【Ctrl】键也可以改变锚点角度，还可以理解为锚点控制手柄被折断后，两个操作方式都能改变锚点控制手柄的角度。

使用钢笔工具抠图的具体步骤如下。

❶ 打开"素材\ch06\01化妆品.jpg"文件。

提示：使用【钢笔工具】编辑路径的技巧：在使用【钢笔工具】时，鼠标指针在路径和锚点上有不同的显示状态，通过对这些状态的观察，可以判断【钢笔工具】此时的功能，了解鼠标指针的显示状态有助于更加灵活地使用钢笔工具。

❷ 单击工具栏中的【钢笔工具】按钮，在右边工具栏中选择【路径】选项，在图像的任意一点单击开始绘制选区路径，如下图所示。

提示：在创建选区路径的时候，如果不好选择可以放大视图，放大视图使用【Ctrl++】组合键，缩小视图使用【Ctrl+—】组合键，在选择的过程中按住键盘上的【空格键】来拖动鼠标调整图像位置。

❸ 继续使用钢笔工具加锚点来创建选区路径，创建路径点后可以根据图像的需要来调整锚点的贝塞尔曲线，如下图所示。

注意：创建路径点的时候不是锚点越多越好，而是根据图像的结构特点在转折和需要的地方加锚点。

❹ 路径创建完成后，单击第一个锚点形成封闭的路径，然后右击，在弹出的快捷菜单中选择【建立选区】选项来创建选择，如下图所示。

提示：创建选区也可以按【Ctrl+Enter】组合键来完成。

❺ 创建选区后的效果如下图所示。

❻ 选择【图层】→【新建】→【通过拷贝的图层】选项来创建抠图图层【图层1】，如下图所示。

❼ 在抠图完成后，为了更好地看出产品图形的边缘效果，可以在下方填充一个黑色图层来观察效果，如下图所示。

> 提示：在具体的操作中，用户可以根据图像的颜色来决定填充什么颜色的图层来观察效果，通常会填和图像相对应的颜色，比如黑白灰色或者对比色。

6.2 使用快速选择工具抠轮廓

淘宝店铺的模特图片，有时候需要将模特从背景图片中抠出，如果这时使用快速选择工具进行抠图就非常方便了，当模特从图中抠出来后还需要根据实际要求进行高精度修图，比如磨皮、塑身和调整颜色等。本节通过实例详细讲解这种抠图方法。

首先看一下抠图前后的对比图。

具体操作步骤如下。

❶ 打开"素材\ch06\ 02模特.jpg"文件，如下图所示。

❷ 单击工具栏中的【快速选择工具】按钮，如果用户使用的是Photoshop CC 2018版本，在工具栏中选择【选择主体】选项，就可以得到模特的选区，如下图所示。

❸ 用户可以根据图像需要继续使用【快速选择工具】对一些不合适的边缘进行处理，效果如下图所示。

❹ 在工具栏中选择【选择并遮住】选项，对参数进行调整，如右图所示。

❺ 单击【确定】按钮后得到更为精准的选区，选择【图层】→【新建】→【通过拷贝的图层】选项来创建抠图图层，如下图所示。

❻ 这时发现图像上有一些灰色的背景没有完全清除，可以使用【魔术橡皮擦工具】进行擦除处

理，效果如下图所示。

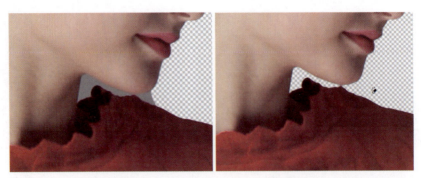

❼ 这样就基本完成了模特的抠图工作，打开"素材\ch06\ 02背景.jpg"文件。

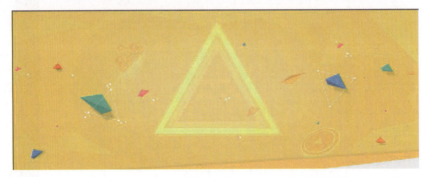

❽ 将抠出的模特图层复制到背景图像上，并使用【自由变换】调整模特的大小和位置，最终完成效果，如下图所示。

提示：在使用【自由变换】调整图片大小的时候，同时按住【Shift】键，可以按比例缩放图片。

6.3 火焰的秘密——使用混合模式抠图

如果要将两张图片进行合成，就需要在抠图的基础上进行图像合成处理。本节通过将火焰文字合成到背景图像上的实例详细讲解使用混合模式抠图的方法。

首先看一下抠图前后的对比图。

具体操作步骤如下。

❶ 打开"素材\ch06\ 03火焰.jpg和03夜景.jpg"文件，如下图所示。

❷ 单击工具栏中的【移动工具】按钮，将火焰文字图像拖到夜景图像中，并使用【自由变换】调整火焰文字图像的大小和位置，如下图所示。

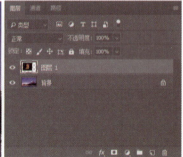

❸ 考虑到火焰文字的黑色背景不好清除，另外火焰文字中也有部分黑色背景，这种图像可以使用图层混合模式来抠图。将火焰文字图层的图层混合模式设置为【滤色】模式，可以看到黑色背景基本上看不到了，如下图所示。

❹ 调整图像到合适的位置即可，最终效果如下图所示。

6.4 浪花云层抠图技巧

有时候我们需要抠出一些类似于浪花或者云层的图像，这时候就需要在抠图的基础上进行图像合成处理。本节通过将浪花合成到船体下方的实例来讲解浪花、云图的抠图技巧。

首先来看一下抠图前后的对比图。

具体操作步骤如下。

❶ 打开"素材\ch06\ 04冲浪.jpg和04海盗船.jpg"文件，如下图所示。

❷ 单击工具栏中的【移动工具】按钮 ，将海盗船图像拖到冲浪图像中，并使用【自由变换】调整海盗船图像的大小和位置，如下图所示。

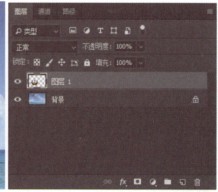

❸ 单击图层面板中的【创建新的填充或调整图层】按钮 ，为图层添加一个【曲线】调整图层，并单击【此调整剪切到此图层】按钮 ，调整海盗船的亮度和颜色，最终效果如下图所示。

❹ 打开"素材\ch06\ 04浪花.jpg"文件，如下图所示。

❺ 单击工具栏中的【套索工具】按钮 ，选择浪花图像，然后将其复制到冲浪图像中，如下图所示。

提示： 选择浪花图像后按【Ctrl+C】组合键进行复制，然后按【Ctrl+V】组合键进行粘贴即可。

❻ 这时看到复制的浪花图层没有融合到图像中。双击浪花图层，打开【图层样式】对话框，对【混合颜色带】选项进行调节，再按住【Alt】键复制出一个调整按钮进行调节，如下图所示。

❼ 按住【Alt】键的同时拖动浪花图像，复制出多个浪花图层，进行位置及大小的调节得到完整的浪花效果，如下图所示。

6.5 Alpha 抠取发丝技巧

一些模特照片有时候需要对头发进行处理，这时候抠图最难的部分是发丝的抠取。本节通过抠取发丝实例详细讲解使用Alpha抠图的方法。

首先看一下抠图前后的对比图。

具体操作步骤如下。

❶ 打开"素材\ch06\05发丝.jpg"文件，并打开通道面板，如下图所示。

❷ 需要找发丝和背景对比最强的通道，这里可以看到蓝色通道对比最强烈，如下图所示。

❸ 在蓝色通道上右击，在弹出的快捷菜单中选择【复制通道】选项，复制一个蓝色通道，命名为"Alpha"，并显示该通道，如下图所示。

> **提示：** 这里为什么需要复制一个蓝色通道呢？因为通道包含了图像的色彩信息，如果直接在蓝色通道上操作就会改变图像的颜色，因此需要复制一个通道进行操作。

❹ 选择【图像】→【调整】→【色阶】选项，利用色阶来完成发丝和背景的强烈对比，效果如下图所示。

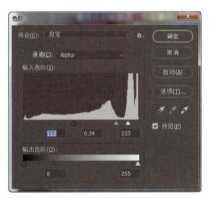 

❺ 回到RGB通道，选择【选择】→【载入选区】选项，载入Alpha通道选区，选中【反相】复选框，因为默认是选择白色的区域，效果如下图所示。

❻ 选择【图层】→【新建】→【通过拷贝的图层】来创建抠图图层，这时可以看到发丝已经抠出来了，如下图所示。

❼ 这时人物主体部分也包括在内，选择【背景】图层，单击工具栏中的【快速选择工具】按钮，选择人物主体部分图像来创建选区，如下图所示。

❽ 然后复制选区的图像到新图层即可，如下图所示。

❾ 最后新建一个图层，填充一个浅色的背景，最终效果如下图所示。

第7章
图片精修之高端技法

本章学习如何将一张普通的照片，使用Photoshop CC的调色工具来表现质感和光感，并提升淘宝产品的诱惑力，满足淘宝店铺的图片需要。淘宝美工可以学习通过材质来选择正确的修图流程，本章还涉及淘宝美工必备的修图技能。

7.1 产品修图的必要性

在商业摄影行业里,后期修图的重要性已经超过前期拍摄。淘宝店铺里的产品照片,60%是拍摄,40%依靠后期修图。

产品图片的清晰度、美观度和真实度越高,越能吸引他人的眼球,虽然拍摄技术至关重要,但后期修图也是必不可少的,所有的产品图片都要经过拍照和后期修图两个步骤,两者密切相关。下面通过一组修图前后对比效果图来介绍产品修图的必要性。

下图是拍摄得到的一张产品图片,切忌拿到图片后就急于处理,正确的做法是先分析图片的构成,并找出照片中的瑕疵,然后由下往上开始修复。

修图时,需要先明确产品的材质,不同的材质,其漫反射、光影质感不同,这就需要修图人员平时多观察。比如金属首饰,它反光就会很强。

了解产品的结构与构造,光影的走向及光的原理,熟悉常用的工具,掌握各种材质修法,分段抠图修饰,产品图片的处理就能达到预期的效果了。

7.2 化腐朽为神奇——LAISAI 激光仪的修图技巧

本节介绍LAISAI激光仪的产品修图技巧,原始图片中的LAISAI激光仪没有很好的立体感和光感,主体显得比较呆板,这样的产品图显然是不会吸引买家的目光的。那么如何才能使图片有较好的效果?下面学习如何修复立体感和光感,其具体操作步骤如下。

1. 调整整体亮度

❶ 打开"素材\ch07\01原图.jpg"文件，选择【图像】→【调整】→【HDR色调】选项，如下图所示。

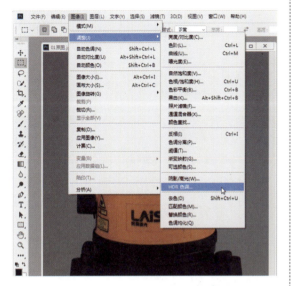

提示：这里主要使用【HDR色调】来调整整个产品的光感效果。

❹ 打开【图层】面板，单击最下方的【创建新的填充或调整图层】按钮，在弹出的快捷菜单中选择【曝光度】选项，如下图所示。

❷ 弹出【HDR色调】对话框，在【边缘光】选项组中设置【半径】为"94"像素，【强度】为"1"，在【色调和细节】选择组中设置【细节】为"+35%"，单击【确定】按钮，如下图所示。

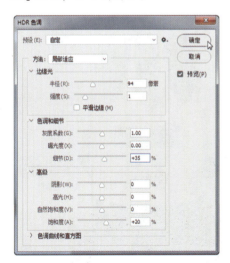

❺ 在弹出的【属性】面板中调整【曝光度】为"0.98"，【位移】为"0.0049"，【灰度系数校正】为"1.09"，如下图所示。

❸ 调整后的效果如下图所示。

❻ 图片效果如下图所示。

2. 调整细节部分

此时可以看出图片整体颜色偏亮，接下来继续进行调整。

❶ 打开【图层】面板，选中图层蒙版，单击【编辑】→【填充】选项，如下图所示。

❷ 弹出【填充】对话框，在【内容】下拉列表中选择【颜色】选项，弹出【拾色器】对话框，选择黑色，单击【确定】按钮，如下图所示。

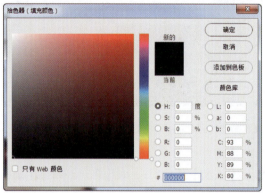

❸ 返回【填充】对话框，单击【确定】按钮，效果如下图所示。

④ 单击工具栏中的【画笔工具】按钮，设置【颜色】为白色，在属性栏中设置【不透明度】为"20%"，如下图所示。

⑤ 然后在图中黑色部分进行涂抹，凸显黑色部分细节。如果觉得涂抹的部分擦得太过，可将画笔颜色换为黑色，再进行涂抹。最终效果如下图所示。

3. 调整颜色

原始图片中的主体颜色为橙色，通过上面的修图调整后颜色偏黄色，下面来进行颜色的调整。

① 单击【图层】面板最下方的【创建新的填充或调整图层】按钮，在弹出的下拉列表中选择【可选颜色】选项，如下图所示。

② 在弹出的【属性】面板中选择【颜色】为"黄色"，调整【青色】为"-100%"，【洋红】为"+18%"，【黄色】为"-18%"，【黑色】为"-32%"，单击【绝对】按钮，如下图所示。

❸ 单击【图层】面板最下方的【创建新的填充或调整图层】按钮，在弹出的下拉列表中选择【色相/饱和度】选项，如下图所示。

❹ 弹出【属性】面板，在【全图】下拉列表中选择【黄色】，调整【色相】为"-12"，【饱和度】为"+35"，【明度】为"+17"，如下图所示。

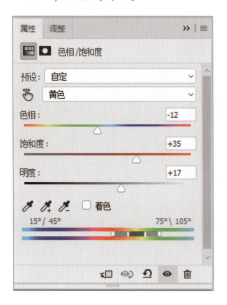

❺ 图片效果如下图所示。

4. 调整背景

❶ 单击工具栏中的【快速选择工具】按钮，直接在图像上进行选择，如果选多了可以按住【Alt】键从选区中减去，效果如下图所示。

❷ 单击属性栏中的【选择并遮住】按钮，弹出【属性】面板，设置参数如下图所示，设置完成后单击【确定】按钮。

【编辑】→【填充】按钮,弹出【填充】对话框,在【内容】下拉列表中选择【白色】,单击【确定】按钮,如下图所示。

❹ 最终效果如下图所示。

❸ 在【图层】面板中选择背景图层,选择

7.3 秀出产品的亮点——皮鞋的修图技巧

优秀的皮鞋广告图片主要是要突出皮革的质感和款式,而原图中的皮鞋主体图像比较模糊并且光线昏暗,皮鞋的质感也不太好,那么怎么处理这样的图片呢?下面通过案例来具体学习这类图片的修图技巧,具体操作步骤如下。

1. 抠图

❶ 打开"素材\ch07\02原片.jpg"文件，如下图所示。

❷ 单击工具栏中的【钢笔工具】按钮，在属性栏中选择【路径】选项，如下图所示。

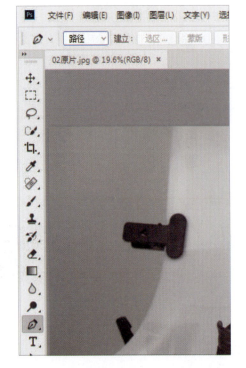

提示：按住【Ctrl】键可以移动锚点，按住【Alt】键可以更改弧线角度。

❹ 在图片上右击，在弹出的快捷菜单中选择【建立选区】选项，如下图所示。

❺ 弹出【建立选区】对话框，单击【确定】按钮，如下图所示。

❸ 在右侧鞋子周围创建路径，如下图所示。

提示： 也可按【Ctrl+Enter】组合键建立选区。

❻ 然后选择【图层】→【新建】→【通过拷贝的图层】选项，如下图所示。

❼ 此时【图层】面板如下图所示，将新生成的图层命名为"抠图"。

2. 锐化

❶ 选择【图像】→【图像大小】选项，在弹出的【图像大小】对话框中，将【宽度】改为"1500像素"，单击【确定】按钮，如下图所示。

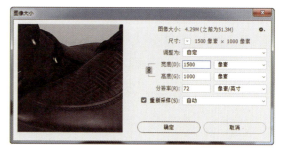

❷ 单击【背景】图层前的 ◉ 按钮，隐藏【背景】图层，如下图所示。

❸ 单击【图层】面板下方的【创建新图层】按钮 ▫，新建图层，并将图层填充为白色，如下图所示。

④ 选择【抠图】图层，选择【滤镜】→【锐化】→【USM锐化】选项，如下图所示。

⑤ 弹出【USM锐化】对话框，设置【数量】为"158"%，【半径】为"1.4"像素，单击【确定】按钮，如下图所示。

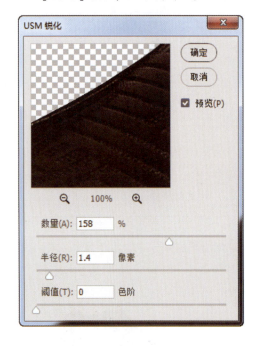

3. 调整图像质感

① 单击【图层】面板下方的【创建新的填充或调整图层】按钮，选择【曲线】选项，如下图所示。

② 在【属性】面板中调整曲线，效果如下图所示。

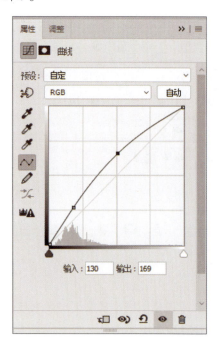

③ 在【图层】面板中单击【图层1】前的按钮，暂时隐藏【图层1】，如下图所示。

❹ 按【Ctrl+Shift+Alt+E】(盖印可见图层)组合键,此时【图层】面板如下图所示。

❺ 选择【滤镜】→【滤镜库】选项,在弹出的页面中选择【扭曲】→【玻璃】选项,调整【扭曲度】为"2",【平滑度】为"2",【缩放】为"50%",选中【反相】复选框,单击【确定】按钮,如下图所示。

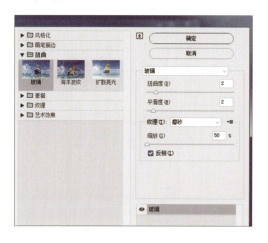

❻ 选择【滤镜】→【模糊】→【高斯模糊】选项,弹出【高斯模糊】对话框,设置【半径】为"0.2"像素,单击【确定】按钮,如下图所示。

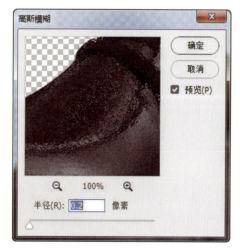

❼ 单击【图层】面板下方的【添加图层蒙版】按钮 ,给图层2添加矢量蒙版,如下图所示。

❽ 单击工具栏中的【画笔工具】按钮 ,设置前景色为"黑色",【不透明度】为"70%",如下图所示。

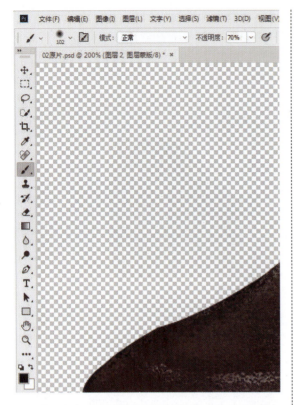

❷ 选择【图像】→【调整】→【反相】选项,将【曲线2】填充为"黑色",如下图所示。

❸ 单击【曲线2】前的 ⬤ 按钮,在【属性】面板中进行如下设置。

❾ 根据情况在鞋子上进行涂抹,将需要清晰显示的地方擦出来,比如鞋面、鞋底部分,【不透明度】也可根据情况进行调整,最终效果如下图所示。

4. 调整高光

❶ 单击【图层】面板下方的【创建新的填充或调整图层】按钮 ⬤ ,选择【曲线】选项,此时【图层】面板如下图所示。

❹ 在工具栏中选择【画笔工具】按钮，将前景色设置为"白色",【不透明度】设置为"22%",如下图所示。

❺ 在鞋面亮部进行适当涂抹,用来补光,可根据情况多次涂抹,对比效果如下。

❻ 单击工具栏中的【钢笔工具】按钮，在属性栏中将状态切换为【形状】,如下图所示。

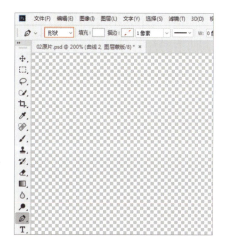

❼ 在鞋面部分绘制出如下图所示的形状。

❽ 在【图层】面板中将【形状1】重命名为"高光",【不透明度】设置为"7%",如下图所示。

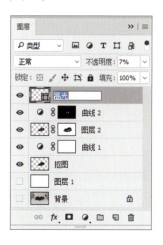

❾ 选择【滤镜】→【模糊】→【高斯模糊】选项，弹出一个提示框，单击【转换为智能对象】按钮，如下图所示。

❿ 弹出【高斯模糊】对话框，更改【半径】为"8.9"像素，如下图所示。

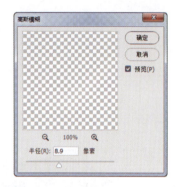

⓫ 此时修图工作已经基本完成，接下来可继续使用蒙版功能进行微调，效果如下图所示。

⓬ 将白色背景显示出来，最终效果如下图所示。

7.4 "捅娄子"了怎么办？——LED 灯泡偏色后的调整

在本案例中，由于摄影师的失误，在背景布的选择上使用了蓝色，使整个灯泡偏色严重，并且影响了灯泡的光感，本节就来学习如何处理灯泡颜色并且调整灯泡的光感，具体操作步骤如下。

1. 抠图

❶ 打开"素材\ch07\03原图.jpg"文件，如右图所示。

❷ 单击工具栏中的【钢笔工具】按钮，在属性栏中选择【路径】选项，如下图所示。

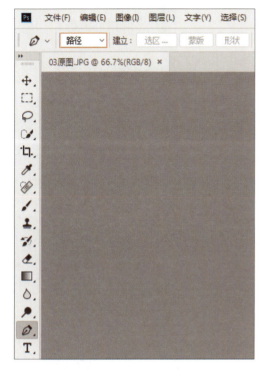

❸ 在灯泡周围创建选区，如下图所示。

❹ 在图片上右击，在弹出的快捷菜单中选择【建立选区】选项，如下图所示。

❺ 弹出【建立选区】对话框，单击【确定】按钮，如下图所示。

❻ 单击【图层】→【新建】→【通过拷贝的图层】按钮，如下图所示。

❼ 打开【图层】面板，删除【背景】图层，

效果如下图所示。

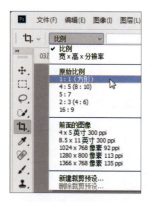

❸ 单击【Enter】键，效果如下图所示。

2. 添加渐变背景

❶ 按【Ctrl+T】组合键，调整灯泡的角度，如下图所示。

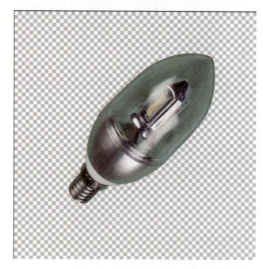

❹ 打开【图层】面板，单击下方的【创建新图层】按钮，将其命名为"背景"，并拖动调整图层顺序，如下图所示。

❷ 单击工具栏中的【裁剪工具】按钮，在属性栏中单击【比例】右侧的下拉按钮，选择【1:1（方形）】选项，如下图所示。

❺ 在工具栏中单击【渐变工具】按钮，在属性栏中单击【点按可编辑渐变】按

钮 ▭，如下图所示。

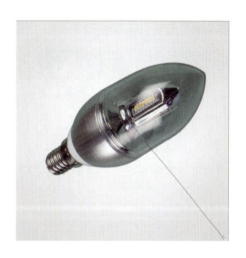

⑥ 弹出【渐变编辑器】对话框，双击左侧色标，选择"灰色"，双击右侧色标，选择"白色"，单击【确定】按钮，如下图所示。

3. 处理偏色问题

① 将【图层1】重命名为"灯"，然后新建图层，并将其命名为"仿制图章"，如下图所示。

⑦ 在属性栏中单击【径向渐变】按钮 ▭，从灯泡中间向外侧拉，形成中间亮四周暗的效果，如下图所示。

② 单击工具栏中的【仿制图章工具】按钮 ▭，在属性栏中设置【画笔大小】为"40"像素，【硬度】为"0%"，选择【样本】模式为【所有图层】，如下图所示。

③ 按【Alt】键，选取灯泡尾部的金属部分，

然后进行涂抹，效果如下图所示。 明部分进行涂抹，效果如下图所示。

❹ 在【图层】面板中设置图层混合模式为【颜色】，效果如下图所示。

4. 调整亮度

❶ 在【图层】面板中选择【仿制图章】图层并右击，在弹出的快捷菜单中选择【创建剪贴蒙版】选项，如下图所示。

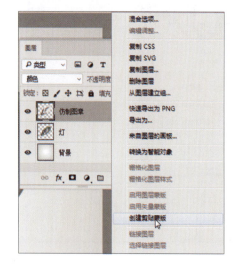

❺ 按【Alt】键，选取灯泡中间的金属部分，对金属周围蓝色部分进行涂抹，效果如下图所示。

❷ 单击【图层】面板下方的【创建新的填充或调整图层】按钮 ，在弹出的快捷菜单中选择【色阶】选项，如下图所示。

❻ 按住【Alt】键，选取白色部分，对灯泡透

❻ 在【图层】面板中单击【色阶1】的【图层蒙版缩略图】,如下图所示。

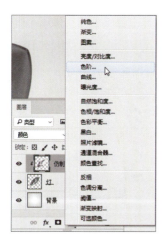

❸ 在【图层】面板中右击【色阶1】,选择【创建剪贴蒙版】选项,如下图所示。

❼ 单击工具栏中的【画笔工具】按钮,设置前景色为"黑色",适当调整画笔的大小和硬度,设置【不透明度】为"100%",如下图所示。

❹ 在【属性】面板中进行设置,如下图所示。

❽ 在灯泡的金属部分进行涂抹,将金属部分的颜色改回色阶前的状态,效果如下图所示。

❺ 此时效果如下图所示。

❾ 使用黑色笔刷，设置【不透明度】为"25%"，也可配合白色笔刷涂抹，在灯泡透明部分进行适当涂抹，涂抹出最佳效果，如下图所示。

❿ 单击【图层】面板下方的【创建新的填充或调整图层】按钮，选择【曲线】选项，如下图所示。

⓫ 在【属性】面板中调整曲线，如下图所示。

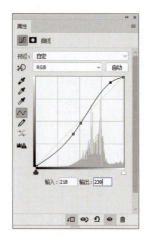

⓬ 打开【图层】面板，右击【曲线1】图层，在弹出的快捷菜单中选择【创建剪贴蒙版】，然后用黑色笔刷，在金属部分进行涂抹，效果如下图所示。

5. 做条形高光

❶ 单击工具栏中的【钢笔工具】按钮，在属性栏中选择"形状"模式，【填充】选择"无颜色"，【描边】选择"白色"，粗细设置为"32点"，如下图所示。

❷ 在灯泡边缘位置绘制一条线，如下图所示。

❸ 在【图层】面板中选择【形状1】图层并右击，在弹出的快捷菜单中选择【栅格化图层】选项，如下图所示。

❹ 选择【滤镜】→【模糊】→【高斯模糊】选项，弹出【高斯模糊】对话框，设置【半径】为"6.2"像素，单击【确定】按钮，如

下图所示。

❺ 在【图层】面板中，单击下方的【添加图层蒙版】按钮，给【形状1】添加图层蒙版，然后使用【画笔工具】，设置颜色为"黑色"，擦除多余的亮光部分，效果如下图所示。

❻ 再次选择【钢笔工具】按钮，在属性栏中设置【填充】为"白色"，【描边】为"无描边"，在灯泡上绘制一个图形，如下图所示。

❼ 在【图层】面板中调整【不透明度】为"45%",如下图所示。

❽ 效果如下图所示。

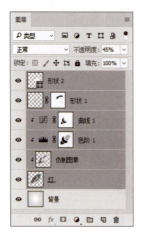

6. 制作倒影

❶ 打开【图层】面板,选中如下图所示的图层。

❷ 选择【图层】→【图层编组】选项,如下图所示。

❸ 在【图层】面板中,将【组1】重命名为"灯泡",然后右击,在弹出的快捷菜单中选择【复制组】选项,如下图所示。

❹ 将复制的组重命名为"灯泡倒影",然后右击,在弹出的快捷菜单中选择【合并组】按钮,如下图所示。

❼ 单击工具栏中的【渐变工具】按钮，在属性栏中单击【点按可编辑渐变】按钮右侧的下拉按钮，选择【黑，白渐变】选项，设置渐变方式为【线性渐变】，【不透明度】为"100%"，如下图所示。

❺ 按【Ctrl+T】组合键，将【灯泡倒影】图层内容进行旋转，然后按【Enter】键确认，效果如下图所示。

❽ 单击鼠标在图像上进行拖曳，如下图所示。

❻ 单击【图层】面板下方的【添加图层蒙版】按钮，添加图层蒙版，如下图所示。

❾ 在【图层】面板中选择【灯泡倒影】和【灯泡】组，按【Ctrl+T】组合键，调整位置，最终效果如下图所示。

靓图才够味——女士内衣色调的调整

在本案例中，原始图像灯光效果不好，图片整体偏暗，色调有些失衡，内衣的质感没有完全体现出来。好的方面是模特的整体动作和神态表现得还不错，因此，只需要进行适当的修图就可以得到一张非常好的照片。本节学习如何处理此种类型的图片，具体操作步骤如下。

1. 复制背景图层

❶ 打开"素材\ch07\04原图.jpg"文件，如下图所示。

❷ 在图层面板的【背景】图层上右击，在弹出的快捷菜单中选择【复制图层】命令，如下图所示。

❸ 弹出【复制图层】对话框，将其命名为"液化"，然后单击【确定】按钮复制背景图层，如下图所示。

2. 用【液化】命令调整图像

❶ 选择【滤镜】→【液化】选项，对图像进行调整，如下图所示。

❷ 根据图像需要调整【画笔的大小】，然后对图像进行微调，如图所示调整模特的手臂。

前后对比效果如下图所示。

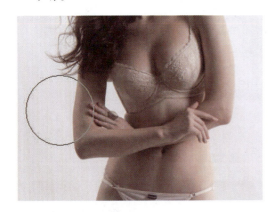

提示：这里使用【向前变形工具】按钮，将手臂适当地向内推动将手臂变细，去掉赘肉，达到需要的美感即可，不能过度地使用。

❸ 使用相同的方法对腰部和腿部进行微调，

提示：有时在调整时会影响到旁边图像的效果，为了避免这种情况，可以选中【高级】选项，单击【冻结蒙版工具】按钮将旁边的图像冻结，调整后再单击【解冻蒙版工具】按钮对其进行解冻。

3.磨皮特效

❶ 选择【滤镜】→【Imagenomic】→【Portraiture】选项，对图像进行磨皮处理，如下图所示。

提示：这里的【Portraiture】滤镜是一个PS的滤镜插件，可以到官网上购买。

❷ 处理完成后的效果如下图所示。

❸ 这时会发现经过磨皮处理后头发的细节损失了，因此需要将头发细节恢复。单击【图层】面板上的【添加图层蒙版】按钮添加蒙版。

❹ 单击【画笔工具】按钮，设置前景色为"黑色"，设置画笔的【不透明度】为"48%"，然后对头发进行调整，将【背景图层】的头发细节显示出来，如下图所示。

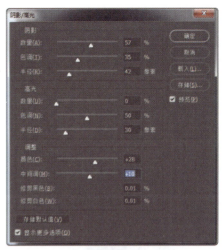

⑤ 头发的细节虽然调出来了，但头发的阴影和高光效果还是不够理想，下面来调整头发的阴影效果。将图层再次复制，然后修改图层名称为"阴影处理"，如下图所示。

⑥ 选择【图像】→【调整】→【阴影/高光】选项，打开【阴影/高光】对话框，选中【显示更多选项】选项，对参数进行调整，单击【确定】按钮后效果如下图所示。

⑦ 头发的阴影效果达到了，但是光感细节还不太理想，下面进行一个补光的修图操作，新建一个【补光】图层，如下图所示。

❽ 将【补光】图层的图层混合模式设置为【明度】模式，设置前景色为"白色"，设置画笔的【大小】为"35"，【不透明度】为"9%"，【流量】为"10%"，然后用画笔修复头发的高光部分，修复后的效果如下图所示。

提示：这个步骤中也可以用画笔修复脸部的细节。

❾ 接下来对头发的色彩进行润色处理。新建一个【着色】图层，将【着色】图层的图层混合模式设置为【颜色】模式，设置前景色为"金色"，设置画笔的【大小】为"70"，【不透明度】为"31%"，【流量】为"39%"，然后用画笔对头发进行着色处理，效果如下图所示。

提示：这里我们也可以找一张金色头发的图片，然后使用【吸管工具】按钮 来吸取头发的颜色。

4.调色处理

❶ 这时我们发现模特的皮肤颜色整体偏灰，需要对其进行调色处理。选择【补光】图层，然后设置前景色为"白色"，设置画笔的【大小】为"70"，【不透明度】为"9%"，【流量】为"8%"，然后用画笔对皮肤进行补光处理，效果如下图所示。

提示：这里尽量将皮肤色彩过渡得均匀一些，如果效果不好可以使用【橡皮擦工具】按钮擦掉重新进行补色。

❷ 单击图层面板上的【创建新的填充或调整图层】按钮，为图层添加一个【曲线】调整图层，调整整个图像的亮度，效果如下图所示。

❸ 选择【图像】→【调整】→【反相】选项，配合大画笔来调整皮肤亮度，效果如下图所示。

❹ 接下来调整皮肤高光效果。使用和上面相同的方法用小画笔来画出皮肤的高光部分，效果如下图所示。

❺ 最后调整皮肤颜色效果。使用和上面相同的方法添加【曲线】调整图层，然后分别调整【红】和【蓝】图层的效果，最终效果如下图所示。

7.6 重新调整光影关系——童装

在本案例中，可以看到原始图像中服装的光感效果不好，没有透亮的感觉，并且服装的质感没有完全体现出来，因此我们需要进行适当的修图，提高服装的亮度，使图片达到光鲜透亮的效果。本节学习如何处理此种类型的图片，具体操作步骤如下。

1. 调整图像形态

① 打开"素材\ch07\衣服.jpg"文件,如下图所示。

② 选择【图像】→【图像旋转】→【顺时针90度】选项来旋转图像,如下图所示。

③ 选择【图层】→【新建】→【通过拷贝的图层】选项来复制图像,如下图所示。

> **提示:** 这里也可以使用【Ctrl+J】组合键来复制图层。

④ 可以从图像中看出裤子有一些倾斜,使用【标尺工具】进行调整。单击工具栏中的【标尺工具】按钮,在裤脚处沿着裤脚方向绘制标尺,然后单击工具选项栏上的【拉直图层】按钮就可以得到需要的水平一些的图像,如下图所示。

❺ 调整后可以看到裤子还不够对称，另外也不是很平整，选择【滤镜】→【液化】选项对图像进行形态的修整，效果如下图所示。

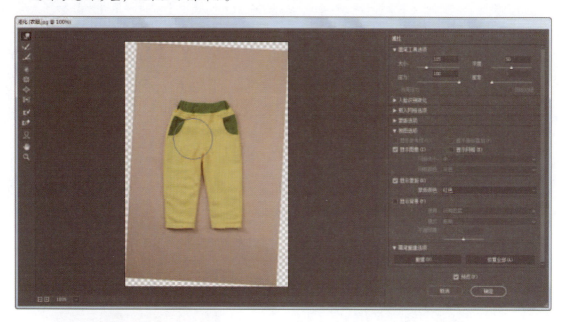

提示：这里用【液化】命令调整时，变换笔刷大小时可以使用【中括号】键来控制。

注意：淘宝店铺中展示的服装类的照片通常需要调整平整，产生一种统一的美感，这样才能打动客户并提高其购买欲，试想如果衣服乱七八糟、都是褶皱，谁又会想买呢？

2.对图像进行锐化和色调处理

❶ 下面对图像进行锐化处理，复制【图层1】，选择【滤镜】→【其他】→【高反差保留】选项对图像进行处理，如下图所示。

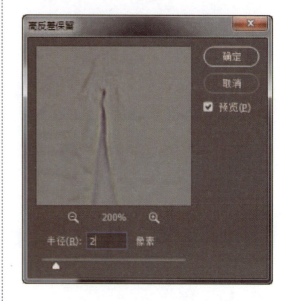

> **提示：** 这里不要使用滤镜中的【锐化】选项完成，因为这种锐化效果太强烈，所以我们选择一种更为柔和的方法。

❷ 将【图层1拷贝】的图层混合模式设置为【柔光】，对图像进行叠加，如果效果不是很理想，可以多复制几个【图层1拷贝】图层来加强锐化效果，如下图所示。

❸ 下面调整图像亮度。选择【合并可见图层】，然后单击图层面板中的【创建新的填充或调整图层】按钮，为图层添加一个【色阶】调整图层，调整整个图像的亮度，效果如下图所示。

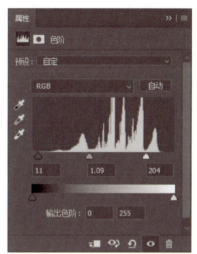

❹ 这时图像有些过曝，选择【图像】→【调整】→【反相】选项，配合白色的小画笔来调整裤子亮度，效果如下图所示。

❻ 新建一个图层填充"白色"作为背景颜色，如下图所示。

提示： 这里添加【反相】命令实际上就相当于隐藏了色阶的调整，然后配合白色画笔来恢复高光处的调整。

❺ 接下来去除背景。选择【背景】图层，单击工具面板上的【快速选择工具】按钮，选择裤子建立选区，然后单击工具栏中的【选择并遮住】按钮去除背景，效果如下图所示。

⑦ 再次调整亮度。单击图层面板中的【创建新的填充或调整图层】按钮 为图层添加一个【曲线】调整图层，调整整个裤子亮度，最终效果如下图所示。

7.7 图修不好不要总怪后期——背包

在本案例中，可以看到下图右边的原始图像中背包的质感和光感效果不好，因此需要进行适当的修图，提高背包的高光和质感效果，从而得到一张非常好的背包产品照片。需要注意，对于这种产品照片，如果能够在前期拍摄过程中将光布好一些，可能就不需要进行后期处理了，所以前期拍照也是非常重要的。

7.7.1 Camera Raw滤镜追细节

学习如何使用Camera Raw滤镜处理此种类型的图片，具体操作步骤如下。

❶ 打开"素材\ch07\06原图.jpg"文件,如下图所示。

❷ 复制一个背景图层,选择【滤镜】→【Camera Raw滤镜】选项对图像进行下图所示的参数调整。

❸ 可以看到图像还是有些灰蒙蒙的感觉,选择【Camera Raw滤镜】中的【效果】选项,设置参数如下图所示。

❹ 选择【Camera Raw滤镜】中的【细节】选项，设置参数如下图所示。

❺ 选择【Camera Raw滤镜】中的【HSL/灰度】选项，设置【蓝色】参数如下图所示。

❻ 选择【Camera Raw滤镜】中的【色调曲线】选项，设置参数如下图所示。

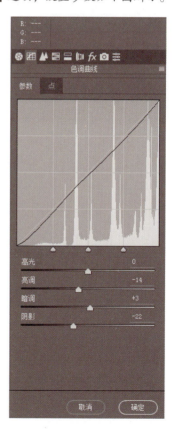

❼ 单击【确定】按钮后可以看到调整前后效果如右图所示。

7.7.2 制作高光与阴影

学习如何制作高光和阴影效果，具体操作步骤如下。

❶ 新建两个图层，分别命名为【阴影】和【高光】图层，如下图所示。

❷ 选择【阴影】图层，设置前景色为"黑色"，设置笔刷的【大小】为"30"，【不透明度值】为"8%"，然后使用笔刷工具绘制阴影效果，如下图所示。

❸ 选择【高光】图层，设置前景色为"白色"，设置笔刷的【大小】为"30"，【不透明度值】为"8%"，然后使用笔刷工具绘制高光效果，如下图所示。

❹ 选择【滤镜】→【锐化】→【USM锐化】选项对图像进行细节锐化处理，如下图所示。

第7章 图片精修之高端技法

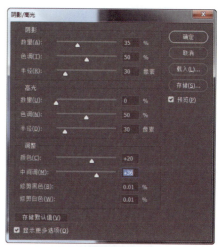

果如下图所示。

❺ 选择【图像】→【调整】→【阴影/高光】选项对图像进行阴影和高光处理，最终效

7.8 玻璃质感图片的修饰——玻璃杯

本案例讲解的是玻璃杯的修图方法，主要通过调整外形、透明部分、高光、阴影等，充分展示玻璃杯的质感，使其变得更加透亮、清澈。

7.8.1 给玻璃杯定型

首先通过抠图、自由变换、变形等方法将玻璃杯的外形调整好，具体操作步骤如下。

❶ 打开"素材\ch07\07原图.NEF"文件，在弹出的页面中单击【自动】按钮，如下图所示。

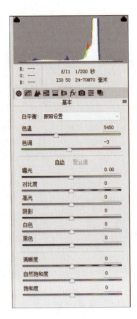

❷ 调整【清晰度】为"+30",然后单击【打开图像】按钮,如下图所示。

❸ 单击工具栏中的【钢笔工具】按钮,在属性栏中选择【路径】模式,在杯子四周新建锚点,如下图所示。

❹ 按【Ctrl+Enter】组合键,建立选区,然后选择【图层】→【新建】→【通过拷贝的图层】选项,如下图所示。

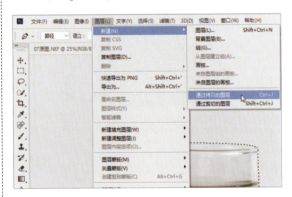

❺ 在【图层】面板中选择【背景】图层,选择【编辑】→【填充】选项,将【背景】图层填充为"黑色",如下图所示。

❻ 此时发现杯子有一点歪，选择【编辑】→【自由变换】选项，将杯子调正，如下图所示。

❼ 按【Enter】键，然后再次选择【编辑】→【自由变换】选项，在属性栏中单击【在自由变换和变形模式之间切换】按钮 ，如下图所示。

❽ 略微修饰杯子的外形，效果如下图所示。

7.8.2 局部透明部分的处理

玻璃杯的材质是透明的，由于背景是白色的，并没有透明的效果，为了使其效果更加逼真，透明效果的制作必不可少。

1. 分离杯身和透明部分

❶ 右击【图层1】，在弹出的快捷菜单中选择【复制图层】选项，弹出【复制图层】对话框，如下图所示。

❷ 在【文档】下拉列表中选择【新建】选项，单击【确定】按钮，如下图所示。

❸ 此时杯子就到了新建的画布中，选择【图像】→【画布大小】选项，弹出【画布大

小】对话框，调整宽度和高度均为"800像素"，单击【确定】按钮，如下图所示。

④ 弹出提示框，单击【继续】按钮，效果如下图所示。

⑤ 此时可以看出图像没有显示完整，按【Ctrl+T】组合键，然后按住【Shift】键，等比例缩放，将杯子缩小到画布中，如下图所示。

⑥ 将"素材\ch07\07素材图.jpg"文件拖曳到图像中，并调整大小和位置，然后更换图层顺序，效果如下图所示。

⑦ 单击工具栏中的【钢笔工具】按钮，在如下图所示的位置绘制图形。

⑧ 按【Ctrl+Enter】组合键，创建选区，如下图所示。

⑨ 选择【图层】→【新建】→【通过拷贝的图层】选项，此时在【图层】面板中生成了【图层2】，如下图所示。

⑩ 在【图层】面板中选择【图层1】,打开【路径】面板,按住【Ctrl】键的同时单击【工作路径】,即可恢复步骤9中的选区,按【Delete】键,将【图层1】中的透明部分删除,此时【图层1】和【图层2】的效果分别如下图所示。

⑪ 将【图层1】和【图层2】分别重命名为"杯子主体"和"透明部分",如下图所示。

2. 制作透明效果

① 在【图层】面板中双击【透明部分】图层,弹出【图层样式】对话框,在按住【Alt】键的同时,拖曳【本图层】下面的滑块,单击【确定】按钮,如下图所示。

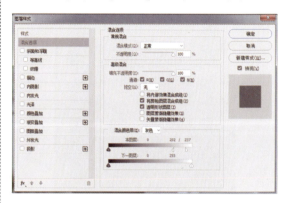

② 按住【Ctrl】键,然后单击【图层】面板中【透明部分】前的缩略图,即可出现选区,如下图所示。

③ 单击【图层】面板中的【创建新图层】按钮 ,并命名为"透明底",然后调整图层顺序,如下图所示。

④ 单击工具栏中的【吸管工具】按钮，在图像中颜色较深的部分取样，然后按【Ctrl+Delete】组合键，填充颜色，如下图所示。

⑤ 在图层面板中设置【不透明度】为"38%"，【混合模式】为【亮光】，如下图所示。

⑥ 新建一个图层，将其命名为"渐变层"，单击工具栏中的【渐变工具】按钮，在属性栏中单击【点按可编辑渐变】按钮，打开【渐变编辑器】对话框，添加三个色标，并将颜色均设置为"白色"，【不透明度】分别为"40、0、

40、0、40"，设置完成后单击【确定】按钮，如下图所示。

⑦ 在选区内拖曳鼠标，显示出渐变效果，如下图所示。

⑧ 移动图层顺序，【透明底】在【渐变层】上方，然后双击【透明底】图层，弹出【图层样式】对话框，在左侧选中【颜色叠加】复选框，设置颜色为偏绿色，【不透明度】为"40%"，单击【确定】按钮，如下图所示。

图所示。

❾ 按【Ctrl+D】组合键取消选区，效果如下

7.8.3　绘制高光与阴影

明暗关系的变化更能体现玻璃的层次感，良好的光影变化也能使物体更加真实。

1. 绘制高光

❶ 新建图层，将其命名为"玻璃质感"，在工具栏中单击【钢笔工具】按钮，绘制如下图所示的形状。

❷ 在【图层】面板中将【不透明度】改为"40%"，右击【玻璃质感】图层，在弹出的快捷菜单中选择【栅格化图层】选项，如下图所示。

❸ 选择【滤镜】→【模糊】→【高斯模糊】选项，在弹出的对话框中设置【半径】为"0.7"像素，如下图所示。

❹ 在【图层】面板中单击下方的【添加图层蒙版】按钮，然后单击工具栏中的【画

笔工具】按钮,设置【画笔颜色】为"黑色",【不透明度】为"10%",在白色边缘进行涂抹,使其更加柔和,效果如下图所示。

⑤ 使用【钢笔工具】在如下图所示位置绘制图形。

⑥ 在属性栏中设置填充为【渐变填充】,设置渐变色为"白色到白色",添加一个白色的色标并设置【不透明度】为"0",如下图所示。

⑦ 选择【滤镜】→【模糊】→【高斯模糊】选项,弹出一个提示框,单击【转换为智能对象】按钮,如下图所示。

⑧ 弹出【高斯模糊】对话框,设置【半径】为"9.5"像素,单击【确定】按钮,如下图所示。

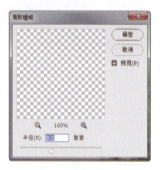

⑨ 在【图层】面板中将【形状1】命名为"高光",效果如下图所示。

2. 绘制阴影

① 在【图层】面板中选择【杯子主体】图层,在其上方新建一个图层,命名为"阴影"并右击,在弹出的快捷菜单中选择【创建剪贴蒙版】选项,如下图所示。

❷ 单击工具栏中的【画笔工具】按钮，设置笔刷颜色为"黑色"，【硬度】为"0%"，【不透明度】可根据情况调整，在杯子底部进行涂抹，效果如下图所示。

3. 锐化

❶ 在【图层】面板中隐藏背景，按【Ctrl+Shift+Alt+E】组合键，盖印可见图层，形成【图层

1】，然后将其他图层进行编组，将【组1】命名为"原文件"并且隐藏，如下图所示。

❷ 选择【图层1】，再选择【滤镜】→【锐化】→【USM锐化】选项，在弹出的【USM锐化】窗口中设置【数量】为"116"%，【半径】为"0.8"像素，单击【确定】按钮，如下图所示。

7.8.4 图层蒙版与剪贴蒙版

此时杯子的修图基本完成了，如果想要杯子底部也透明的话，具体操作步骤如下。

❶ 在【图层】面板中删除【图层1】，显示出【原文件】组，删除【阴影】图层，选择【杯子主体】图层，使用【钢笔工具】将杯底部分选取出来，效果如下图所示。

❷ 选择【图层】→【新建】→【通过拷贝的图层】选项，此时杯底已单独形成一个图层，将其命名为"杯底"，然后删除【杯子主体】图层的杯底部分，如下图所示。

❸ 选择【杯底】图层，单击下方的【添加图层蒙版】按钮，单击【画笔工具】按钮，设置笔刷颜色为"黑色"，【不透明度】为"10%"，在杯底进行涂抹，效果如下图所示。

❹ 新建图层，将其命名为"阴影"，在图层上右击，在弹出的快捷菜单中选择【创建剪贴蒙版】选项，如下图所示。

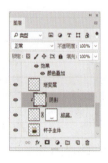

❺ 单击【画笔工具】按钮，设置笔刷颜色为"黑色"，【不透明度】为"100%"，在指定位置进行涂抹，效果如下图所示。

❻ 在【图层】面板中设置【不透明度】为"38%"，如下图所示。

❼ 如果觉得透明的部分过多，过渡得不自然，也可再用【画笔工具】进行涂抹，直到得到最佳效果，最终效果如下图所示。

第8章 店铺首页设计与装修——通用招数

店铺首页是淘宝店铺的门面，高端、大气、布局合理的首页是吸引消费者眼球的第一张"门票"，其设计难度较高并且至关重要。首页装修的通用招数是淘宝美工必不可少的技能，下面就来介绍首页装修设计的方法和技巧。

8.1 首页上都要放点啥？

首页相当于一个店铺的门面，一个合格的首页应该有店招、导航栏、全屏海报、优惠信息、分类导航、客服中心、宝贝推荐等。

首页的重要作用是显而易见的，那么首页到底要放啥？

平时逛实体店时，进入店铺，首先看到的就是店铺门口的产品以及橱窗中的展品，这些都是新款商品或热卖商品，让顾客第一眼就能看到，吸引顾客购买。淘宝店铺也是如此，在设计首页时，当前最新的活动款产品、店铺爆款产品、特价产品以及新产品等要放置在页面最显眼的位置，让进店的买家一眼就能看到。一些产品的优惠券、导航链接等也要放在首页显眼的位置。而一些容易被消费者忽略的视觉"死角"，则可以放置买家须知、客服信息等内容。

本章将详细介绍首页海报设计与首页装修的过程，完成效果如下图所示。

▶ 店招

▲ 导航栏

第8章
店铺首页设计与装修——通用招数

▶ 首页固定背景

▶ 全屏轮播图

▶ 优惠券

▲ 分类导航

▲ 客服中心

▲ 首页海报

▲ 买家须知

▲ 智能导航

8.2 运筹帷幄仅需几步——店招背景

淘宝店铺装修页面中有很多配色方案，用户可以根据需要选择适合店铺的配色方案，店招的背景设计要与选择的配色方案一致，具体操作步骤如下。

❶ 打开Photoshop CC 2018软件，单击【新建】按钮，在弹出的【新建文档】对话框中设置【宽度】为"1920像素"，【高度】为"150像素"，【分辨率】为"72像素/英寸"，单击【创建】按钮，如下图所示。

❷ 按【Ctrl+R】组合键，显示标尺，在标尺上右击，在弹出的快捷菜单中选择【像素】选项，如下图所示。

❸ 选择【视图】→【新建参考线】选项，在弹出的对话框中选中【垂直】单选项，【位置】设置为"485px"，如下图所示。

❹ 重复上一步，分别选中【垂直】单选项，【位置】设置为"1435px"和【水平】单选项，【位置】设置为"120px"，效果如下图所示。

❺ 找到"素材\ch08\8.2\背景配色.jpg"，将其拖曳到文件中，并放大到全部覆盖白色背景，如下图所示。

❻ 找到"素材\ch08\8.2\红色背景.jpg"，将其拖曳到文件中，并放大到如下图所示位置。

❼ 选择【文件】→【存储为】选项，弹出【另存为】对话框，将其命名为"店招背景"，在【保存类型】中选择"JPEG"格式，单击【保存】按钮，如下图所示。

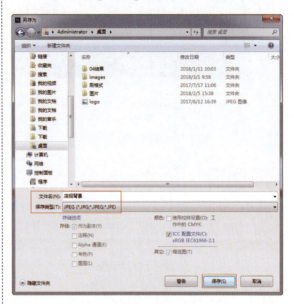

至此，店招背景就制作完成了。

❽ 打开【店铺装修】页面，选择【配色】选项，选择【粉红色】选项，如下图所示。

❾ 打开【店铺装修】页面，添加【店铺招牌】模块，如下图所示。

⑪ 在弹出的对话框中选择【店招背景】文件，单击【打开】按钮，如下图所示。

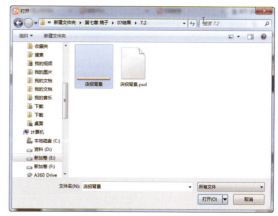

⑩ 选择【页头】选项，单击【更换】按钮，如下图所示。

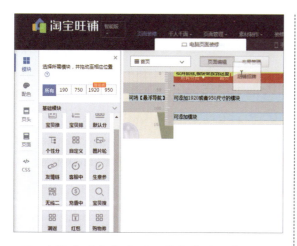

⑫ 单击【预览】按钮，效果如下图所示。

8.3 做设计也要学会"偷懒"——店招

店招相当于店铺的门头，面积虽小，却是至关重要的，店招上面可以有店铺名、店铺LOGO、收藏按钮等信息。店招的视觉重点不宜太多，一定要凸显品牌的特性，同时颜色也不宜太花哨，否则可能会给顾客带来视觉疲劳。本节就来介绍店招的设计，具体操作步骤如下。

① 继续上一节的操作，选择"素材\ch08\8.3\一道菜.png"文件，直接将其拖进Photoshop CC中，调整到合适的位置，双击确认，如下图所示。

❷ 选择"素材\ch08\8.3\一碗香天下.jpg"文件，直接将其拖进Photoshop CC中，调整到合适的大小及位置，双击确认，然后调整图层的顺序，效果如下图所示。

❸ 在【图层】面板中单击右上角按钮 ≡，在弹出的下拉菜单中选择【面板选项】，如下图所示。

❹ 在弹出的【图层面板选项】对话框中选择最大的缩略图，单击【确定】按钮，如下图所示。

❺ 单击【图层】面板下方的【添加图层蒙版】按钮 ▢，单击工具栏中的【渐变工具】按钮 ▢，在属性栏中设置渐变方式为【黑，白渐变】，方向为【径向渐变】，按住鼠标左键进行拖曳，效果如下图所示。

❻ 单击工具栏中的【文字工具】按钮 T，在图像中输入"一碗香天下"，字体为"叶根友毛笔行书2.0"，字号为"38"，字体颜色选取碗中的颜色，效果如下图所示。

❼ 单击工具栏中的【自由钢笔工具】按钮，绘制出图形，填充颜色为"褐色"，效果如下图所示。

❽ 选择【滤镜】→【模糊】→【高斯模糊】选项，弹出一个提示框，单击【转换为智能对象】按钮，如下图所示。

❾ 弹出【高斯模糊】对话框，设置【半径】为"10"像素，单击【确定】按钮，如下图所示。

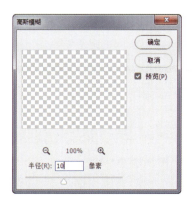

⑩ 单击工具栏中的【文字工具】按钮 T，在绘制的形状上输入文字"收藏"，字体为"宋体"，字号为"30"，字体颜色为"白色"，如下图所示。

⑪ 单击工具栏中的【裁剪工具】按钮，在属性栏中选择【宽×高×分辨率】选项，截取下图所示的位置，按【Enter】键确认，如下图所示。

⑫ 选择【图像】→【图像大小】选项，弹出【图像大小】对话框，确认图像尺寸是否为"950像素×120像素"，如下图所示。

⑬ 选择【文件】→【存储为】选项，弹出【另存为】对话框，选择存储位置，保存类型为"JPEG"格式，单击【确定】按钮，如下图所示。

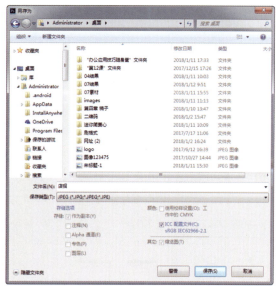

⑭ 打开【店铺装修】页面，单击店招右上角的【编辑】按钮，如下图所示。

⑮ 在弹出的窗口中选择【自定义招牌】，单击【插入图片空间图片】按钮，然后选择【上传新图片】选项，单击【添加图片】按钮，如下图所示。

⓰ 在弹出的页面中单击【点击上传】按钮,将"店招.jpg"上传至图片空间,如下图所示。

⓱ 返回到步骤15的页面,选择【店招】图片,单击【插入】按钮,如下图所示。

⓲ 双击图片内容,弹出【图片】窗口,如下图所示。

⓳ 打开【页面装修】页面,单击【预览】按钮,在弹出的预览页面中右击【收藏店铺】,选择【复制链接地址】选项,如下图所示。

⓴ 返回步骤18的页面,将链接地址粘贴到【链接网址】中,单击【确定】按钮,如下图所示。

第8章
店铺首页设计与装修——通用招数

㉑ 单击【保存】按钮，即可完成店招的制作，单击【预览】按钮，效果如右图所示。

8.4 给宝贝分门别类——导航栏

导航栏的设计在淘宝店铺装修中的作用尤为重要，淘宝店铺中商品数量众多，只有设计合理的导航栏才能让你的店铺在众多店铺中脱颖而出，引导买家使用导航栏进行深度访问。设计导航栏的操作步骤如下。

❶ 打开【店铺装修】页面，单击【首页】下拉按钮，选择【新建】选项，如下图所示。

❷ 在弹出的页面中输入【页面名称】为"青花

瓷"，单击【保存】按钮，如下图所示。

❸ 回到【店铺装修】页面，单击导航栏上的【编辑】按钮，如下图所示。

❺ 在弹出的【添加导航内容】窗口中选择【自定义页面】选项,选中【青花瓷】复选框,单击【确定】按钮,如下图所示。

❹ 在弹出的【导航】窗口中单击【添加】按钮,如下图所示。

❻ 重复步骤1~步骤5,添加【骨瓷】分类导航,效果如下图所示。

8.5 随时随地购物——首页固定背景

通常情况下,浏览网页时,上下滚动网页,两侧的内容会随着滚动条上下移动,但在淘宝店铺中,两侧的促销文案、活动信息、二维码等需要始终展示给买家看,这就要求不论页面如何上下滚动,这些内容的位置均不变化。可以通过代码实现首页固定背景功能。具体操作步骤如下。

❶ 打开【店铺装修】页面,单击【预览】按钮,截取页面上的二维码,如右图所示。

❷ 打开"素材\ch08\8.5\主页背景.psd"文件，将截取的二维码拖入文件中，如下图所示。

❸ 拖曳二维码到合适的位置并调整大小，如下图所示。

❹ 在【图层】面板中右击，在弹出的下拉菜单中选择【创建剪贴蒙版】选项，如下图所示。

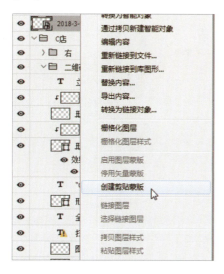

❺ 主页背景制作完成，将其保存为"JPEG"格式，如下图所示。

❻ 打开【图片空间】页面，将主页背景上传至图片空间，如下图所示。

❼ 单击"主页背景"图片上的【复制链接】按钮，在弹出的窗口中复制链接，如下图所示。

❽ 输入网址http://tool.58pic.com/fixed/，将链接粘贴到地址文本框中，单击【生成背景代码】按钮，如下图所示。

❾ 复制生成的背景代码，如下图所示。

❿ 单击导航栏的【编辑】按钮，如下图所示。

⓫ 在弹出的页面中选择【显示设置】选项，粘贴背景代码，单击【确定】按钮，如下图所示。

⓬ 固定背景页制作完成，单击【预览】按钮可查看效果，如下图所示。

8.6 购物体验好 简洁化分类——分类导航

淘宝店铺分类导航就相当于商场、超市的导视系统,优秀的淘宝店铺导航能够使顾客快速找到自己需要的商品并下单,导航承载着整理、归纳店铺商品信息的功能,是提高访问效率和店铺交易成功率的重中之重。与线下商铺实体交易相比,淘宝上有更多选择的可能,线上交易的消费者更缺乏耐性,任何令人迷茫、不悦的因素都可能致使顾客流失,所以清晰、易用的导航就显得更为重要。分类导航制作的具体操作步骤如下。

❶ 打开Photoshop CC 2018软件,单击【新建】按钮,在弹出的页面右侧设置【宽度】为"950像素",【高度】为"200像素",单击【创建】按钮,如下图所示。

❷ 将"素材\ch08\8.6\背景配色.png"文件拖入新建的文件中,将其放大到覆盖全部背景,如下图所示。

❸ 单击工具栏中的【椭圆工具】按钮 ,按住【Shift】键在合适的位置绘制一个圆形,如下图所示。

❹ 单击工具栏中的【圆角矩形工具】按钮 ,在属性栏中设置【半径】为"8",然后在圆形下方绘制一个圆角矩形,如下图所示。

❺ 在【图层】面板中双击【圆角矩形1】图层,弹出【图层样式】对话框,选中【渐变叠加】复选框,设置合适的渐变颜色,单击【确定】按钮,如下图所示。

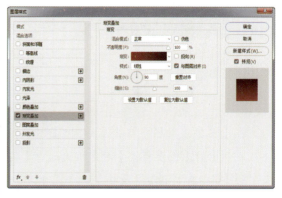

❻ 单击工具栏中的【文字工具】按钮 ,在圆角矩形中输入"家常小炒",设置字体为"Adobe 黑体 Std",颜色为"白色",字号为"12",如下图所示。

❼ 选择圆形图层，将"素材\ch08\8.6\炒.jpg"文件，拖入文件中并放在合适的位置，如下图所示。

❽ 在【图层】面板中右击，在弹出的快捷菜单中选择【创建剪贴蒙版】选项，如下图所示。

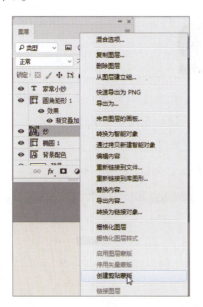

❾ 在【图层】面板中双击【椭圆1】图层，在弹出的【图层样式】对话框中选中【描边】复选框，设置【大小】为"3"像素，选择合适的颜色，单击【确定】按钮，如下图所示。

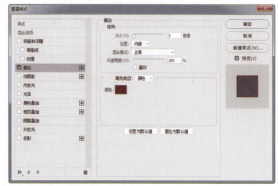

❿ 效果如下图所示。

⓫ 选择需要编组的图层，按【Ctrl+G】组合键，并将组命名为"炒"，如下图所示。

⓬ 单击工具栏中的【选择工具】按钮，在属性栏中勾选【自动选择】选项，在其右侧选择【组】选项，如下图所示。

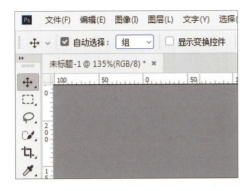

⓭ 按住【Alt】键和鼠标左键拖曳，即可复制组，如下图所示。

⓮ 重复上述步骤，将圆框中的内容以及文字替换即可，如下图所示。

⓯ 单击工具栏中的【切片工具】按钮，

将图片分为四个部分，如下图所示。

⓰ 选择【文件】→【导出】→【存储为Web所用格式】选项，在弹出的页面左侧选择所有切片，在右侧选择"JPEG"格式，单击【存储】按钮，选择存储位置，如下图所示。

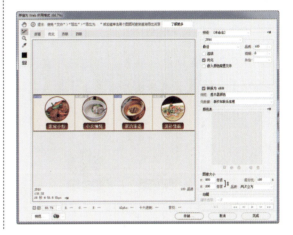

8.7 添加链接真不算事儿——分类导航链接

创建分类导航后，就可以将分类导航图片添加至店铺页面中并创建分类导航链接了，单击图片上的链接即可打开相关页面。添加分类导航链接的具体操作步骤如下。

❶ 将上节保存的图片上传至图片空间，如右图所示。

❷ 打开【店铺装修】页面，添加自定义区域，单击【编辑】按钮，如下图所示。

❸ 在弹出的窗口中，单击【上传图片空间图片】按钮，选择图片后单击【插入】按钮，如下图所示。

❹ 返回【卖家中心】页面，单击【宝贝分类管理】选项，如下图所示。

❺ 在弹出的页面中单击【添加手工分类】按钮，输入【分类名称】，单击【保存更改】按钮，如下图所示。

❻ 选择【宝贝管理】→【未分类宝贝】选项，添加分类，如下图所示。

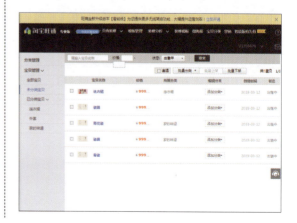

❼ 进入店铺首页，选择【所有分类】→【家的味道】选项，如下图所示。

❽ 在打开的页面中复制上方的链接，如下图所示。

❾ 返回【店铺装修】页面，双击【家的味道】图片，在弹出的窗口中将链接粘贴到【链接网址】后的文本框中，单击【确定】按钮，如下图所示。

❿ 重复步骤5~步骤9，设置其他图片的分类链接，单击【确定】按钮，如下图所示。

⓫ 至此，分类链接制作完成，单击【预览】按钮可查看效果，如下图所示。

8.8 小店铺 大架势——客服中心

本节将介绍自定客服的制作，主要针对的是用户既是老板又是客服的情况，通过案例介绍如何把人物图像换掉，如何使顾客感觉此店铺团队和实力强大。具体操作步骤如下。

❶ 打开"素材\ch08\8.8\自定义客服.psd"文件，如下图所示。

❷ 单击工具栏中的【选择工具】按钮 ，在属性栏中勾选【自动选择】选项，并在右侧下拉列表中选择【图层】选项，如下图所示。

❸ 单击第二个头像，选择【文件】→【置入嵌入对象】选项，弹出【置入嵌入的对象】对话框，选择"素材\ch08\8.8\女生2.jpg"文件，单击【确定】按钮，如下图所示。

❹ 将置入的图片移动到第二个头像上，按【Enter】键确认，然后在【图层】面板中选择【女生2】图层，右击选择【创建剪贴蒙版】选项，此时图片已嵌入头像框中，如下图所示。

❺ 重复步骤2~步骤4，分别将剩余头像进行替换，如下图所示。

❻ 单击工具栏中的【文字工具】按钮 T，选择头像下方的名字，即可重新输入名字，如下图所示。

❼ 单击工具栏中的【切片工具】按钮 ✂，将图片进行切片，如下图所示。

❽ 选择【图像】→【图像大小】选项，在弹出的对话框中设置【宽度】为"950像素",单击【确定】按钮，如下图所示。

❾ 选择【文件】→【导出】→【存储为Web所用格式】选项，在弹出的对话框中选择左侧的所有图片，在右侧选择"JPEG"文件格式，"最佳"模式，然后单击【存储】按钮，如下图所示。

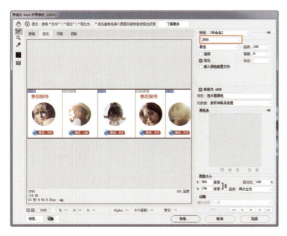

❿ 在弹出的【将优化结果存储为】对话框中，选择存储位置，如下图所示。

⓫ 将图片上传至【图片空间】，如下图所示。

⓬ 打开【店铺装修】页面，添加一个自定义区域，单击【编辑】按钮，如下图所示。

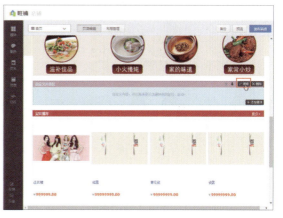

⓭ 在弹出的窗口中单击【上传图片空间图

片】按钮 ，选择图片，单击【插入】按钮，如下图所示。

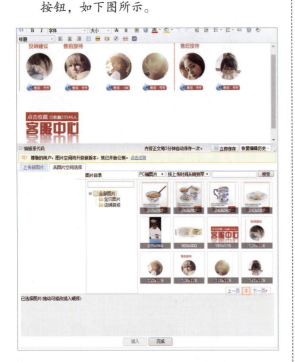

⓮ 打开店铺首页，右击【客服】按钮，在弹出的下拉菜单中，选择【复制链接地址】选项，如下图所示。

⓯ 返回【店铺装修】页面，双击图片内容，弹出【图片】窗口，将链接地址粘贴到【链接网址】后的文本框中，单击【确定】按钮，按照相同方法制作其他客服链接，如下图所示。

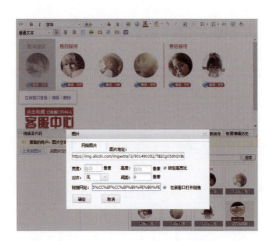

⓰ 打开店铺首页，右击【收藏店铺】按钮，在弹出的下拉菜单中，选择【复制链接地址】选项，如下图所示。

⓱ 返回【店铺装修】页面，双击"点击收藏"图片，弹出【图片】窗口，将链接地址粘贴到【链接网址】后的文本框中，单击【确定】按钮，如下图所示。

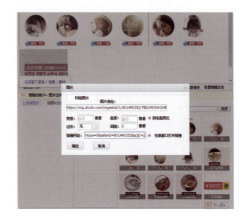

❶⑧ 客服中心制作完成，单击【预览】按钮查看效果，如下图所示。

8.9 以不变应万变——首页海报

在设计店铺首页海报时，要注意以下几点：色调要与大色调统一，根据产品亮点确定背景色、文案策划排版、合理版式以突出主题。本案例就介绍首页海报的制作，具体操作步骤如下。

❶ 打开Photoshop CC 2018软件，单击【新建】按钮，在弹出的页面中设置【宽度】为"950像素"，【高度】为"300像素"，【分辨率】为"72像素/英寸"，单击【创建】按钮，如下图所示。

❷ 选择【文件】→【置入嵌入对象】选项，在弹出的对话框中选择"素材\ch08\8.9\背景.jpg"文件，单击【置入】按钮，如下图所示。

❸ 将图片放大，覆盖整个背景，如下图所示。

❹ 在【图层】面板中单击下方的【添加图层蒙版】按钮 ◻，如下图所示。

❺ 单击工具栏中的【渐变工具】按钮 ◻，在属性栏中选择【黑，白渐变】选项，渐变方式为【径向渐变】，在【图层】面板中设置【不透明度】为"40%"，并将其拖曳到合适位置，如下图所示。

❻ 单击工具栏中的【矩形工具】按钮 ◻，在左侧绘制一个矩形，在属性栏中设置【填充】为"无"，描边颜色为"灰色"，粗细为"1点"，描边类型为"虚线"，如下图所示。

❼ 单击工具栏中的【选框工具】按钮 ◻，绘制选框，如下图所示。

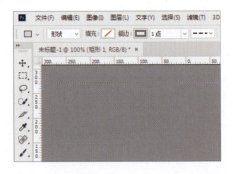

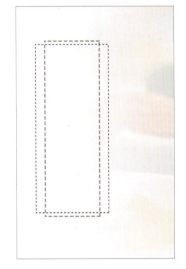

❽ 在【图层】面板中单击下方的【添加图层蒙版】按钮 ◻，效果如下图所示。

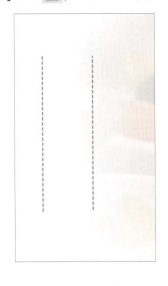

⑨ 单击工具栏中的【直排文字工具】按钮，输入"家的味道"，设置字体为"叶根友毛笔行书2.0"，字号为"40"，字体颜色为"黑色"，如下图所示。

⑩ 单击工具栏中的【直排文字工具】按钮，绘制一个文本框，打开"素材\ch08\8.9\文案.txt"文件，复制其中的文字，粘贴到文本框中，如下图所示。

⑪ 全选文字，选择【窗口】→【字符】选项，打开【字符】面板，设置字体为"黑体"，字体大小为"14点"，行距为"24点"，字距为"-20"，如下图所示。

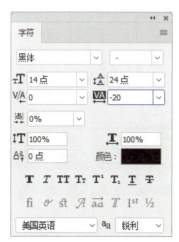

⑫ 在【图层】面板中设置【不透明度】为"75%"，如下图所示。

⑬ 单击工具栏中的【矩形工具】按钮，在合适位置绘制矩形，如下图所示。

⑭ 选择【文件】→【置入嵌入对象】选项，在弹出的对话框中选择"素材\ch08\8.9\特写.jpg"文件，单击【置入】按钮，如下图所示。

⑮ 将图片拖曳到合适的位置，打开【图层】面板并右击，在弹出的快捷菜单中选择【创建剪贴蒙版】选项，效果如下图所示。

⓰ 至此首页海报的制作就完成了，选择【文件】→【存储为】选项，将其保存为"JPEG"格式，如下图所示。

⓱ 将图片上传至【图片空间】，如下图所示。

⓲ 打开【店铺装修】页面，添加一个自定义区域，单击【编辑】按钮，如下图所示。

⓳ 在弹出的窗口中单击【上传图片空间图片】按钮，选择图片，单击【插入】按钮，然后单击【确定】按钮，如下图所示。

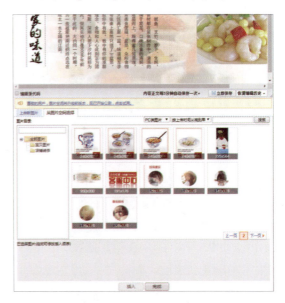

⓴ 最终效果如下图所示。

8.10 贴个告示 昭告天下——买家须知

买家须知这一模块，也许很多人觉得不必要，但是不得不说有这个模块可以避免在交易时产生不必要的误会，从而减少很多售后问题。

❶ 打开"素材\ch08\8.10\买家须知.psd"文件，单击【图像】→【图像大小】选项，如下图所示。

❷ 弹出【图像大小】对话框，设置宽度为"950像素"，单击【确定】按钮，如下图所示。

❸ 选择【导出】→【存储为Web所用格式】选项，如下图所示。

❹ 在弹出的【将优化结果存储为】对话框中选择存储位置以及格式，单击【保存】按钮，如下图所示。

❺ 打开【图片空间】页面，将保存的图片上传至图片空间，如下图所示。

❻ 打开【店铺装修】页面，添加一个自定义区域，单击【编辑】按钮，如下图所示。

❼ 在弹出的页面中选择【不显示】选项，单击【插入图片空间图片】按钮，选择图片，单击【插入】按钮，如下图所示。

❽ 打开店铺首页，复制上方链接，如下图所示。

❾ 返回【店铺装修】页面，双击"返回首页"图片，将链接粘贴至【链接网址】后的文本框中，单击【确定】按钮，如下图所示。

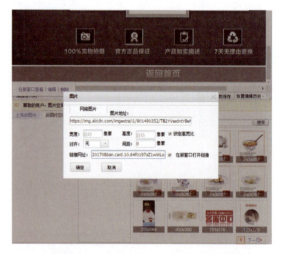

❿ 再次单击【确定】按钮，效果如下图所示。

至此，首页的制作就全部完成了。

第9章
店铺首页设计与装修——绝招

上一章中介绍了店铺首页设计与装修的通用招数,虽然这些招数能满足首页的设计需求,但还不够。本章就来介绍全屏轮播图、个性优惠券、旺铺智能版、智能版悬浮导航等装饰店铺首页的绝招。

9.1 制作全屏轮播图

首页海报占据首屏很大一部分的内容，是顾客进入店铺首页中看到的最醒目的区域，它一般会放促销广告图、新品宣传图、活动展示图等。利用首页轮播图不仅可以加大店铺宣传力度、产品宣传力度，还可以提升店铺形象。

9.1.1 不懂代码？一样轻松制作——全屏轮播

本节介绍全屏轮播图背景的制作，具体操作步骤如下。

❶ 打开Photoshop CC 2018软件，单击【新建】按钮，在弹出的页面中设置【宽度】为"1920像素"，【高度】为"500像素"，【分辨率】为"72像素/英寸"，输入名称为"轮播1"，单击【创建】按钮，如下图所示。

❷ 打开"素材\ch09\9.1\背景配色.png"文件，将其拖曳到新建的图层中，并放大到覆盖全部背景，如下图所示。

❸ 按【Ctrl+R】组合键显示标尺，在标尺部分右击，选择【像素】选项，如下图所示。

❹ 选择【视图】→【新建参考线】选项，分别选中【垂直】单选项，设置为"485"像素，选中【垂直】单选项，设置为"1435"像素，如下图所示。

❺ 复制"素材\ch09\9.1\文案.txt"中的文字，在工具栏中单击【直排文字工具】按钮 IT.，绘制一个文本框，将文字粘贴进去，如下图所示。

❻ 全选文字，选择【窗口】→【字符】选项，设置字体为"叶根友毛笔行书2.0"，字体大小为"54点"，如下图所示。

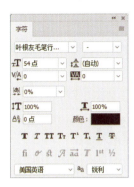

❼ 在【图层】面板中设置【不透明度】为"7%",右击图层,选择【栅格化图层】选项,效果如下图所示。

❽ 打开"素材\09\9.1\水墨素材.psd"文件,选择小船,将其直接拖曳到【轮播1】文件中,如下图所示。

❾ 按住【Ctrl+T】组合键,将其调整到合适的大小及位置,如下图所示。

❿ 打开"素材\09\9.1\玉器.jpg"文件,将其拖曳到【轮播1】文件中,调整位置及大小,如下图所示。

⓫ 在【图层】面板中设置混合模式为【正片叠底】,【不透明度】为"12%",效果如下图所示。

⓬ 按住【Alt】键,拖曳玉器图形即可完成复制,将其放到合适位置,如下图所示。

⓭ 将图层进行编组,并命名为"背景素材",如下图所示。

至此,轮播背景就制作完成了。

9.1.2 文案与产品的重要性

本节介绍文案与产品的设置,具体操作步骤如下。

❶ 继续上一节的操作,打开"素材\ch09\9.1\大图爆款1.psd"文件,将其拖曳到上一节的结果文件中,并调整位置及大小,在【图层】面板中将此图层命名为"产品",如下图所示。

❷ 单击工具栏中的【直排文字工具】按钮,分别输入"舌""尖",选择【窗口】→【字符】选项,设置字体为"叶根友毛笔行数2.0",字体大小为"60点",单击【仿粗体】按钮,调整字体的位置,效果如下图所示。

❸ 继续输入"上的中国",设置字体为"叶根友毛笔行数2.0",字体大小为"36点",调整字体位置,如下图所示。

❹ 选中这几个文字图层,将其编组并命名为"舌尖上的中国",如下图所示。

❺ 新建图层,将其命名为"渐变层",单击工具栏中【渐变工具】按钮,在属性栏中单击【点按可编辑渐变】按钮,

弹出【渐变编辑器】对话框,设置渐变为"黑-红-黑",将其拖曳到合适位置如下图所示。

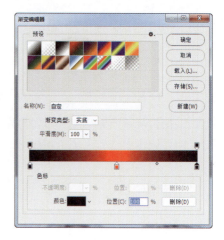

❻ 右击【渐变层】,在弹出的快捷菜单中选择【创建剪贴蒙版】选项,效果如下图所示。

❼ 单击工具栏中的【文字工具】按钮,输入宝贝标题,字体为"行楷",字体大小分别为"44点"和"30点",字体颜色吸取盘子图案中的蓝色,在【字符】面板中取消"加粗",效果如下图所示。

❽ 将"素材\ch09\9.1\点击购买.png"拖进文件中,调整至合适的大小及位置,如下图所示。

❾ 单击工具栏中的【文字工具】按钮，在"点击购买"上方输入宝贝价格，如下图所示。

❿ 将"素材\ch09\9.1\一道菜.png"拖进文件中，调整至合适的位置及大小，如下图所示。

⓫ 至此，轮播图就制作完成了，将其保存为"JPEG"格式并命名为"轮播1"。

9.1.3 超简单的代码生成器

❶ 输入寻访百店网的网址www.xfbdw.com，注册并登录，如下图所示。

❷ 单击【全屏海报】按钮，输入图片数量，如下图所示。

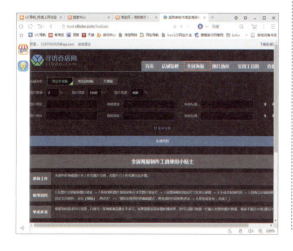

❸ 打开【图片空间】页面，单击【上传图片】按钮，如下图所示。

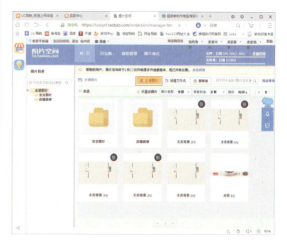

❹ 将"轮播1"和"素材\ch09\9.1\双11.jpg"图片上传至图片空间，如下图所示。

5 单击【复制链接】按钮，在弹出的窗口中复制链接，如下图所示。

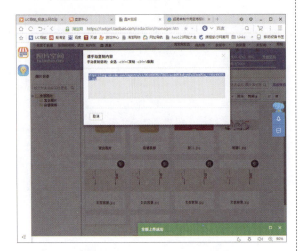

6 打开【寻访百店网】页面，将地址粘贴至【图片地址】后的文本框中，重复步骤5，复制另一张图的链接，如下图所示。

7 返回【卖家中心】页面，单击【出售中的宝贝】超链接，如下图所示。

8 在弹出的页面中单击头像下方的【查看店铺】按钮，如下图所示。

9 打开宝贝详情页，复制上方的链接，如下图所示。

⑩ 打开"寻访百店网"页面，将复制的内容粘贴至【链接地址】后的文本框中，重复步骤9，再次复制宝贝链接并粘贴，输入海报标题，如下图所示。

⑪ 单击【生成代码】按钮，生成代码后单击【复制代码】按钮，如下图所示。

⑫ 打开【店铺装修】页面，添加一个自定义区域，单击【编辑】按钮，如下图所示。

⑬ 在弹出的窗口中选择【不显示】选项，单击【源码】按钮，粘贴复制的链接，单击【确定】按钮，如下图所示。

提示： 在【寻访百店网】页面，单击【更多设置】按钮，可以根据需要设置效果，如下图所示。

9.2 我的选择比你多——个性优惠券

优惠券是开放给淘宝卖家的一款促销工具，可以在店铺中设置满减的优惠。店铺优惠券是全店通用的，卖家可以指定使用条件也可以不指定使用条件。店铺优惠券设置的具体操作步骤如下。

❶ 打开"素材\ch09\9.2\优惠券.psd"，将其切片并保存，如下图所示。

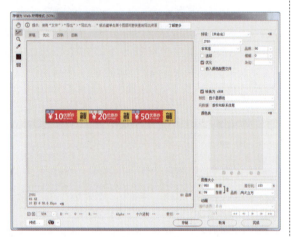

❷ 打开【卖家中心】页面，单击【图片空间】按钮，将保存的图片上传至【图片空间】，如下图所示。

❸ 添加一个自定义区域，单击【编辑】按钮，如下图所示。

❹ 在弹出的页面中单击【插入图片空间图片】按钮 ，选择优惠券，单击【插入】按钮，如下图所示。

❺ 返回【卖家中心】页面，选择【软件服务】→【我要订购】选项，如下图所示。

⑧ 单击【店铺优惠券】按钮,如下图所示。

⑨ 在弹出的页面中进行设置,设置完成后单击【确认创建】按钮,如下图所示。

⑥ 在弹出的页面中输入"优惠券"并搜索,选择订购优惠券,如下图所示。

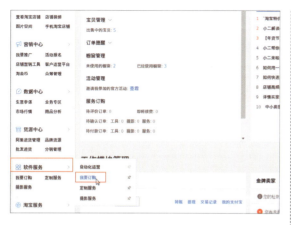

⑦ 订购完成后,返回【卖家中心】页面,选择【我订购的应用】→【优惠券】选项,如下图所示。

⑩ 在弹出的页面中单击【返回列表】按钮,如下图所示。

⑪ 返回列表后,重复步骤8~步骤10,创建另外两个优惠券,如下图所示。

⓮ 用相同方法制作其他链接网址，完成后单击【确定】按钮，如下图所示。

⓬ 单击【链接】按钮，在弹出的窗口中复制链接，如下图所示。

⓯ 至此，优惠券制作完成，单击【预览】按钮查看效果，如下图所示。

⓭ 双击优惠券，在弹出的窗口中将内容粘贴至【链接网址】后的文本框中，单击【确定】按钮，如下图所示。

高效设计

淘宝店铺的店主可以通过设置掌柜推荐，将热卖产品设置为自己店铺的主打产品，被推荐的产品会显示在显眼的位置，以增强产品的曝光率，进而提高销量。

9.3.1 巧用编组与蒙版

本节介绍宝贝推荐页左侧大图的设计，当图层过多时，通过编组可以方便地查找和移动，具体操作步骤如下。

❶ 打开Photoshop CC 2018软件，单击【新建】按钮，在弹出的页面中设置【宽度】为"950像素"，【高度】为"600像素"，【分辨率】为"72像素/英寸"，如下图所示。

❷ 单击工具栏中的【矩形工具】按钮，在合适位置绘制一个矩形，如下图所示。

❸ 选择【文件】→【置入嵌入对象】选项，在弹出的对话框中选择"素材\ch09\组合2.jpg"文件，单击【置入】按钮，如下图所示。

❹ 调整图片位置和大小，在【图层】面板中右击，在弹出的快捷菜单中选择【创建剪贴蒙版】选项，效果如下图所示。

❺ 单击工具栏中的【自定形状工具】按钮，单击属性栏中【形状】右侧的下拉按钮，选择【思索2】形状，如下图所示。

❻ 绘制形状，设置合适的颜色，如下图所示。

❼ 单击工具栏中的【矩形选框工具】按钮，绘制矩形选框，如下图所示。

❽ 在【图层】面板中单击下方的【添加图层蒙版】按钮，效果如下图所示。

❾ 再次单击【自定形状工具】按钮，单击属性栏中【形状】右侧的下拉按钮，选择【靶心】形状，如下图所示。

❿ 设置颜色为"白色"，绘制形状，如下图所示。

⓫ 单击工具栏中的【文字工具】按钮，输入文字"精品餐具"，字体为"黑体"，字号为"18"，颜色为"白色"，如下图所示。

⓮ 在【图层】面板中右击，在弹出的快捷菜单中选择【创建剪贴蒙版】选项，效果如下图所示。

⓬ 在【图层】面板中选择需要编组的图层，按【Ctrl+G】组合键，将组重命名为"精品餐具"，如下图所示。

⓯ 单击工具栏中的【文字工具】按钮，在合适位置绘制一个文本框，打开"素材\ch09\9.3\文案.txt"文件，复制第1条内容，将其粘贴到文本框中，设置字体为"黑体"，字号为"14"，字体颜色为"白色"，如下图所示。

⓭ 在【图层】面板中选择【组合2】图层，单击工具栏中的【矩形工具】按钮，绘制一个矩形，并设置合适的颜色，如下图所示。

⓰ 继续输入其他文字，并设置合适的字体、字号及颜色，如下图所示。

⑰ 单击工具栏中的【直线工具】按钮，在属性栏中设置颜色为"黑色"，粗细为"1点"，在"原价：369元"上画一条直线，如下图所示。

⑱ 在【图层】面板中选择需要编组的图层，按【Ctrl+G】组合键，将组重命名为"价格信息"，如下图所示。

⑲ 在【图层】面板中选择【矩形2】图层，单击工具栏中的【矩形工具】按钮，绘制矩形，并设置合适的颜色，如下图所示。

⑳ 在【图层】面板中右击，在弹出的快捷菜单中选择【创建剪贴蒙版】选项，效果如下图所示。

㉑ 单击工具栏中【文字工具】按钮，输入"点击购买"，设置字体为"黑体"，字号为"24"，字体颜色为"白色"，如下图所示。

㉒ 单击工具栏中的【钢笔工具】按钮，绘制如下形状，设置颜色为"白色"，粗细为"3点"，描边类型为"圆点"，如下图所示。

9.3.2 高效设计的秘密

本节介绍右侧宝贝的陈列设计，通过【创建剪贴蒙版】快速替换宝贝，具体操作步骤如下。

❶ 选择需要编组的图层，按【Ctrl+G】组合键，将图层编组，并命名为"1"，如下图所示。

❷ 打开"素材\ch09\9.3\模板.psd"文件，在【图层】面板中选择【参考】组，右击，选择【复制组】选项，将其复制到另一个文件中，如下图所示。

❸ 在【图层】面板中选择【背景】图层，选择【编辑】→【填充】选项，给背景填充适当的颜色，如下图所示。

❹ 单击工具栏中的【移动工具】按钮 ，在属性栏中选择【组】选项，按住【Alt】键和鼠标左键拖曳，将模板复制成三个，如下图所示。

❺ 在【图层】面板中同时选择【参考】【参考 拷贝】【参考 拷贝2】这几个组，按【Ctrl+T】组合键，按住【Shift】键进行缩放，如下图所示。

❻ 按【Enter】键确认，然后按住【Alt】键和鼠标左键，再次复制这三个组，如下图所示。

❼ 删除【盘子】图层，选择"白色"背景，如下图所示。

❽ 将"素材\ch09\9.3\dish_1.jpg"文件，拖入文件中，调整合适的位置及大小，如下图所示。

❾ 按【Enter】键确认，在【图层】面板中右击置入的图层，选择【创建剪贴蒙版】选项，如下图所示。

❿ 重复步骤7～步骤9，更换素材图片，效果如下图所示。

⓫ 再次调整左侧的图像，使其下方对齐，如下图所示。

⓬ 单击工具栏中的【裁剪工具】按钮 ㄢ.，将下方无用部分裁去，如下图所示。

9.3.3 切片与布局技巧

在Photoshop CC 2018中制作完成宝贝推荐页后,需要将其切片,然后放置到淘宝中,具体操作步骤如下。

❶ 按【Ctrl+R】组合键,调出标尺,从标尺处按住鼠标左键,拖出几条参考线,如下图所示。

❷ 单击工具栏中的【切片工具】按钮，单击属性栏中的【基于参考线的切片】,如下图所示。

❸ 此时将图片分为8个切片,如下图所示。

❹ 单击工具栏中的【切片选择工具】按钮，

选择切片5和切片1,按【Delete】键删除切片,此时左侧的两个切片就变为了1个切片,如下图所示。

❺ 选择【文件】→【导出】→【存储为Web所用格式】选项,在弹出的页面左侧选择所有切片,在右侧选择"JPEG"格式,单击【存储】按钮,如下图所示。

❻ 弹出【将优化结果存储为】对话框,选择存储位置,单击【格式】右侧下拉按钮,选择【HTML和图像】选项,单击【保存】按钮,如下图所示。

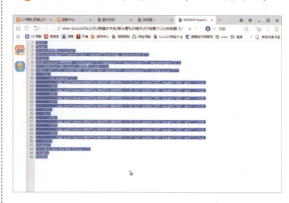

❾ 在弹出的页面中复制代码，如下图所示。

⓻ 打开【图片空间】页面，将图片上传至图片空间，如下图所示。

❿ 返回【店铺装修】页面，添加一个自定义区域，单击【编辑】按钮，如下图所示。

⓼ 用浏览器打开保存的"未标题-1.html"文件，在空白处右击页面，选择【查看网页源代码】选项，如下图所示。

⓫ 选择【不显示】选项，单击【源码】按钮，将代码粘贴进去，单击【确定】按钮，如下图所示。

⓬ 效果如下图所示。

⓰ 双击图片区域,弹出【图片】窗口,将链接粘贴至【图片地址】后的文本框中,如下图所示。

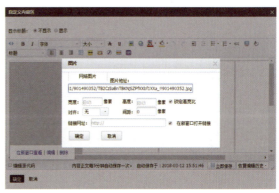

⓭ 打开【图片空间】页面,单击【复制链接】按钮,如下图所示。

⓱ 打开宝贝详情页,复制上方链接,如下图所示。

⓮ 在弹出的窗口中复制链接,如下图所示。

⓯ 返回【店铺装修】页面,单击【编辑】按钮,如下图所示。

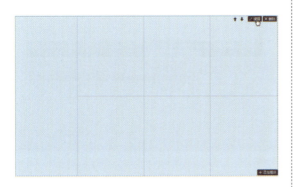

⓲ 返回【店铺装修】页面,将链接粘贴到【链接网址】后的文本框中,单击【确定】按钮,如下图所示。

⑲ 重复步骤13～步骤18，分别添加其他图片，单击【确定】按钮，如下图所示。

⑳ 单击【预览】按钮，效果如下图所示。

9.4 全新技能再次起航——旺铺智能版

在使用旺铺智能版添加图片和宝贝地址的时候，不用反复切换页面，单击【图片地址】和【链接地址】右侧的按钮即可直接选择，这种方法更加简单方便，具体操作步骤如下。

1. 添加全屏宽图

❶ 打开【卖家中心】页面，选择【软件服务】→【我要订购】选项，如下图所示。

提示： 一钻以下卖家可免费使用智能版。

❸ 打开【淘宝旺铺智能版装修】页面，添加一个"1920全屏宽图"区域，如下图所示。

❷ 进入【服务市场】页面，搜索"淘宝旺铺"并订购，如下图所示。

④ 单击【编辑】按钮，弹出【全屏宽图】窗口，如下图所示。

⑤ 打开【图片空间】页面，将"素材\ch09\9.4"中的图片上传至图片空间，如下图所示。

⑥ 返回【店铺装修】页面，单击【图片地址】右侧的 按钮，从下方【从图片空间选择】选择图片，如下图所示。

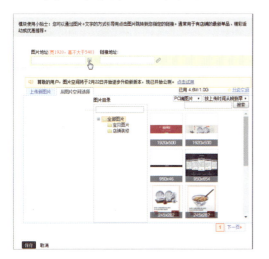

⑦ 由于图片"宽1920，高不大于540"，所以会自动弹出【图片裁剪】窗口，单击【确定】按钮，如下图所示。

⑧ 返回【全屏宽图】窗口，单击【链接地址】右侧的按钮 ，可以在下方选择【自定义页面】【宝贝分类】【宝贝】链接，如下图所示。

⑨ 设置完成后单击【保存】按钮，即可添加全屏宽图，如下图所示。

2. 添加全屏轮播图

❶ 打开【淘宝旺铺智能版装修】页面，添加一个"1920全屏轮播"区域，如下图所示。

❷ 单击【编辑】按钮，弹出【全屏轮播】窗口，如下图所示。

❸ 单击【图片地址】右侧的 按钮，从下方【从图片空间选择】选择图片，如下图所示。

❹ 弹出【图片裁剪】窗口，单击【确定】按钮，如下图所示。

❺ 返回【全屏轮播】窗口，单击【链接地址】右侧的 按钮，可以在下方选择【自定义页面】【宝贝分类】【宝贝】链接，如下图所示。

❻ 重复步骤3~步骤5，设置第二张轮播图片，设置完成后单击【保存】按钮，如下图所示。

提示：如果需要两张以上图片轮播，单击【添加】按钮即可。

❼ 单击【预览】按钮，效果如右图所示。

9.5 更方便的导航——智能版悬浮导航

使用旺铺智能版制作悬浮导航的具体操作步骤如下。

❶ 打开【图片空间】页面，将"素材\ch09\9.5\悬浮导航.png"上传至图片空间，如下图所示。

❷ 打开【淘宝旺铺智能版装修】页面，添加一个"1920 悬浮导航"区域，如下图所示。

❸ 返回【店铺装修】页面，单击【编辑】按钮，弹出【悬浮导航】窗口，选择【位置设置】选项，设置参数分别为"100""20"，如下图所示。

④ 选择【内容设置】选项，单击【上传图片】按钮，在下方选择悬浮导航图片，如下图所示。

⑤ 单击【添加点击热区】按钮，将热区移动到合适的位置，如下图所示。

⑥ 单击【添加点击热区】右侧的 按钮，即可在下方区域选择对应的链接，如下图所示。

⑦ 重复步骤5～步骤6，添加其他热区，单击【确定】按钮，如下图所示。

⑧ 返回【店铺装修】页面，单击【预览】按钮，即可查看最终效果，如下图所示。

第10章 Hot类目的海报设计

淘宝店铺各类海报主要有两个作用。

一、推广宝贝：有10%～30%的客人是通过宝贝单独页面进入店铺的，首页有一张大气漂亮的海报，才会吸引客人去看你首推的宝贝；另外，宝贝描述页面也需要放一张主推的宝贝海报，这样更便于推广。

二、美化店铺：一张漂亮的海报能让店铺显得更专业，更能激起客户的购买欲。

淘宝店铺的海报类型主要包含全屏海报设计、轮播海报设计、促销海报设计、店招设计、店铺装修、宝贝详情设计等分项内容。每张海报由背景、文案、产品信息三个元素组成，在制作海报前我们要对宝贝有一个整体的认知与了解。

10.1 什么行业什么风

本章主要介绍海报设计的风格包括炫彩青春型、高贵大气型、清新简约型、深沉稳重型、中国风型、创意型、欧式复古型、科技简约型等。

▲ 炫彩青春型

▲ 高贵大气型

▲ 清新简约型

▲ 深沉稳重型

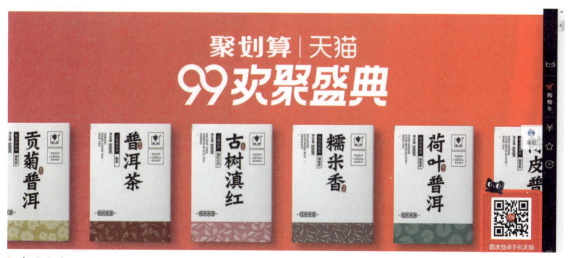
▲ 中国风型

▲ 创意型

▲ 欧式复古型

▲ 科技简约型

10.2 皮草行业海报——让你的冬天也变得时尚

皮草具有很好的御寒功能，柔软的质感和奢华的设计风格能凸显女性的优雅与时尚，这也造就了皮草的高价格，但仍不妨碍消费者对它的追求。因此，皮草行业店铺的装修海报要给人以温暖又不失名贵时尚的视觉感受。

10.2.1 精选背景，精雕细节

本节详细介绍"皮草海报"的设计方法，海报设计一般包括标题、副标题、英文字的搭配、促销信息等几个部分。

下面我们介绍精选背景尺寸的调整和人物抠图的基本操作，具体操作步骤如下。

❶ 打开"素材\ch10\10.2皮草\背景.jpg"文件，选择【图像】→【图像大小】选项，在弹出的【图像大小】对话框中，宽度设置为"1920像素"，单击【确定】按钮，如下图所示。

❷ 双击【缩放工具】按钮，即可放大图片，如下图所示。

❸ 打开"素材\ch10\10.2皮草\模特2.jpg"文件，选择【选择】→【色彩范围】选项，如下图所示。

❹ 在弹出的【色彩范围】对话框中，单击图像的背景色，将【颜色容差】设置为"45"，单击【添加到取样】按钮，吸取背景色，选中【反相】选项，单击【确定】按钮，如下图所示。

❼ 选择【编辑】→【自由变换】选项调整图像的尺寸，如下图所示。

❺ 选择【图层】→【新建】→【通过拷贝的图层】选项，使用【橡皮擦】工具，将多余的杂色擦除即可，如下图所示。

提示：也可以根据参考线进行设计，选择【视图】→【新建参考线】命令，在对话框中【位置】设置为"485像素"，单击【确定】按钮，重复设置【位置】为"1435像素"，效果如下图所示。

❻ 右击【图层1】选择【复制图层】选项，弹出【复制图层】对话框，在【目标】选项区域的【文档】中选择【背景.jpg】选项，单击【确定】按钮，如下图所示。

10.2.2 主次分明，整齐划一

本节以活动海报为例，紧接上节内容具体操作步骤如下。

❶ 打开"素材\ch10\10.2皮草\文案.txt"文件，复制粘贴标题和副标题，标题字号设置为"14

点",副标题字号设置为"30点",颜色为"红色",选中两个图层后单击右对齐按钮,如下图所示。

❹ 单击【矩形工具】按钮,在标题和副标题的右侧绘制一个矩形,颜色【填充】为"大红色",如下图所示。

❷ 选中【标题】图层,选择【文件】→【置入嵌入对象】选项,选择"素材\ch10\10.2 皮草\星空.jpg"文件并置入,如下图所示。

❺ 单击【直排文字工具】按钮,输入"全场 折",颜色填充为"白色",字号为"8点",字间距为"149",并将其移至矩形框中,如下图所示。

❸ 右击【星空】图层,在弹出的快捷菜单中选择【创建剪切蒙版】选项,按住鼠标左键拖曳"星空"图片,调整标题文字背景,直到标题文字背景颜色合适,如下图所示。

❻ 单击【横排文字工具】按钮 T，输入数字"5"，移至适当的位置，设置字号为"14点"，颜色为"黄色"，效果如下图所示。

提示：选择【编辑】→【自由变换】选项，可以调整不规则图形的大小和方向。

❼ 单击【钢笔工具】按钮，颜色【填充】为"红色"，绘制一个不规则的形状，使用【横排文字工具】按钮 T，输入"点击购买"，字体颜色设置为"白色"，调整至合适位置，如下图所示。

❽ 将形状的【不透明度】调至"74%"，选择【视图】→【清除参考线】选项，即可得到最终效果，如下图所示。

登山鞋行业海报——回归设计的"本质"

10.3

随着生活水平的提高，登山运动被越来越多的人选择。登山不仅能够健身，还能进入大自然，放松心情，陶冶情操，厚实耐穿的登山鞋是登山必不可少的装备。所以登山鞋的海报设计要融入大自然，以回归设计"本质"。

10.3.1 多一丝"厚"重，震撼由内而外

❶ 打开Photoshop CC2018，选择【文件】→【新建】选项，新建一个【宽度】为"1920像素"，【高度】为"560像素"，【分辨率】为"72像素/英寸"，【颜色模式】为"RGB颜色"的文档，单击【创建】按钮，如下图所示。

❷ 打开"素材\ch10\10.3鞋子\背景.jpg"文件，将其拖曳至新建的文档中，按住【shift】键拖曳背景图片调整大小，如下图所示。

❸ 单击【图层】面板中的【创建新的填充或调整图层】按钮，在弹出的快捷菜单中选择【渐变映射】选项，如下图所示。

❹ 单击【点按可编辑渐变】按钮，在弹出的【渐变编辑器】对话框中，分别双击第1个和第2个"色标"按钮，弹出【拾色器（色标颜色）】对话框，设置如下图所示。

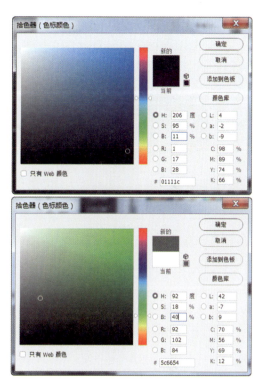

❺ 单击【创建新的填充或调整图层】按钮，选择【色阶】选项，在弹出的【属性】面板中，适当调整高光部分，如下图所示。

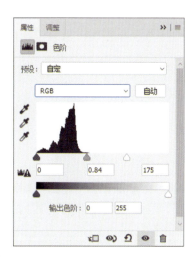

❻ 打开"素材\ch10\10.3鞋子\鞋子.jpg"文件，使用【快速选择工具】按钮，选中需要抠图的部分，如下图所示。

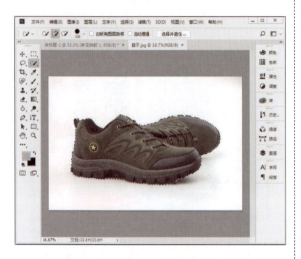

提示：按住【Alt】键，可将多选的部分处理掉，如果去掉得过多，把手松开重新选择即可。

❼ 在【快速选择工具】的状态栏中单击【选择并遮住】按钮，在弹出的面板中调整参数，单击【确定】按钮，如下图所示。

❽ 选中抠图的图层右击，选择【复制图层】选项，在弹出的【复制图层】对话框中，复制目标文档选择【未标题-1】，单击【确定】按钮。

❾ 选择【编辑】→【自由变换】选项，调整鞋子的大小，右击选择【水平翻转】选项，调整鞋子的方向，如下图所示。

❿ 选择【视图】→【新建参线】选项，新建两个参考线，参数值分别为"485像素和1435像素"，然后调整鞋子位置即可，如下图所示。

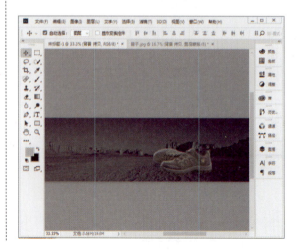

10.3.2 精雕细琢，永不止步

本节介绍细节的操作，具体操作步骤如下。

❶ 接上一节操作，对鞋子进行锐化，选择【滤镜】→【锐化】→【USM锐化】选项，如下图所示。

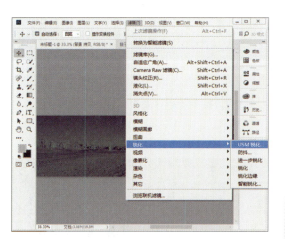

❷ 在弹出的【USM锐化】对话框中，设置如下参数，单击【确定】按钮，如下图所示。

❸ 将图层命名为"鞋子"，选中"鞋子"下面的图层，新建一个图层，命令为"阴影"，如下图所示。

❹ 单击【套索工具】按钮，绘制出鞋子的阴影部分，颜色【填充】为"黑色"，然后取消选择，如下图所示。

❺ 对阴影进行模糊，选择【滤镜】→【模糊】→【高斯模糊】选项，在弹出的【高斯模糊】对话框中设置参数为"12像

素",调整不透明度为"72%",然后使用【移动工具】调整阴影位置即可,如下图所示。

❼ 单击【横排文字工具】按钮 T,输入"永不止步","永不止"3个字【颜色】为"白色","永"【字号】为"87.3点","止步"字号为"73.12点",效果如下图所示。

❻ 选中"鞋子"图层,单击【创建新的填充或调整图层】按钮 ⬤,选择【色阶】选项,在弹出的【属性】面板中调整高光,如下图所示。

❽ 将"步"字体颜色设置为"红色",字号设置为"118.95点",适当调整位置,然后取消参考线,最终效果如下图所示。

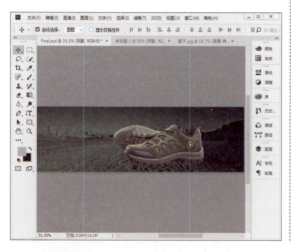

10.4 女装行业海报——综合运用各种技巧

本节以女装行业海报为例,将以上小节学到的设计方法加以综合的应用。

10.4.1 设计趋势与理念

❶ 新建一个【宽度】为"1920像素",【高度】为"600像素",【分辨率】为"72像素/英寸",【颜色模式】为"RGB颜色"的空白文档,如下图所示。

第10章 Hot类目的海报设计

❷ 选择【视图】→【新建参考线】选项，设置两个参数值分别为"485像素和1435像素"，单击【确定】按钮，如下图所示。

❸ 打开"素材\ch10\10.4女装落地海报\pop.jpg"文件，选择【窗口】→【排列】→【双联水平】选项，方便参考设计，如下图所示。

❹ 单击【吸管工具】按钮，吸取素材的背景颜色，再选择空白文档按【Alt+Delete】组合键填充为背景色，如下图所示。

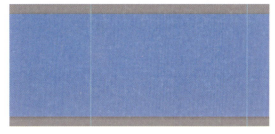

❺ 单击【减淡工具】按钮进行颜色的淡化，或单击【加深工具】按钮进行颜色的加深，选项栏的【曝光度】百分比降低，如下图所示。

提示：在英文输入法状态下，按【{】键可增大【减淡工具】和【加深工具】画笔大小，按【}】键可减小【减淡工具】和【加深工具】画笔大小。

❻ 单击【椭圆工具】按钮绘制一个椭圆，在选项栏中选择【渐变】选项，渐变颜色可以选择吸取素材中的颜色，描边选择【无】选项，按【Ctrl+T】组合键可以调整图形的大小和方向，如下图所示。

❼ 双击图层，在【图层样式】对话框【样

式】区域中选中【投影】复选框，设置参数单击【确定】按钮，如下图所示。

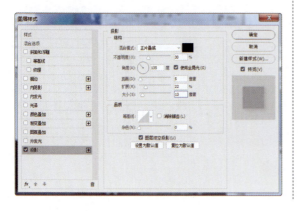

❽ 按住【Alt】键复制椭圆图形，取消投影效果，然后将复制的图层拖曳至【椭圆1】图层的下方，并移至合适位置，效果如下图所示。

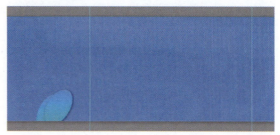

10.4.2 多种蒙版设计文字

❶ 单击【矩形工具】按钮，按住【Shift】键绘制一个矩形，在弹出的【属性】面板中设置参数，如下图所示。

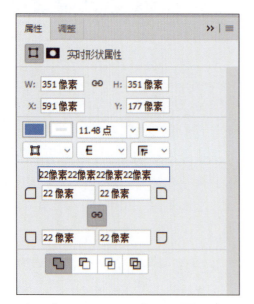

❷ 单击【矩形选区工具】按钮绘制一个选区，选择【选择】→【反选】选项，再添加蒙版，效果如下图所示。

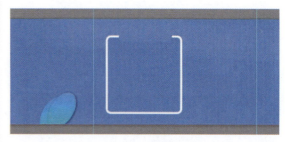

❸ 使用【文字工具】输入"夏季女装特惠"，设置字体为"微软雅黑"，字号为"40点"，颜色为"白色"，并移至合适位置，如下图所示。

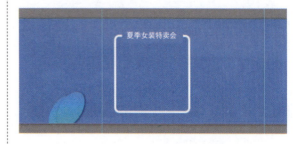

❹ 单击【钢笔工具】按钮，在选项栏中选择工具模式为【形状】，填充为【无】，粗细为"11点"，描边为"白色"绘制图形，重复复制并移至合适位置，如下图所示。

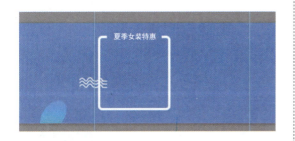

提示： 在绘制图形时按住【Ctrl】键可以调整锚点，按住【Alt】键可以调整滑杆。

❺ 单击【文字工具】按钮，输入"女装会场"，字体的设置参数，如下图所示。

❻ 单击【钢笔工具】按钮，绘制一个图形，填充为"橙色"，选中该图层右击选择【创建剪贴蒙版】选项，重复操作，效果如下图所示。

10.4.3 重复元素阵列复制

❶ 单击【圆角矩形工具】按钮，绘制图形，填充"蓝色"，再使用【横排文字工具】输入"抢先看88元起！"，设置字体为"微软雅黑"，字号为"40点"，字体颜色为"白色"，移至如下图所示位置。

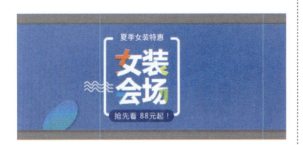

❷ 复制10.4.1小节步骤6绘制的图形，按【Ctrl+T】组合键调整图形大小，或右击选择反转方向进行调整，在【图层】面板中取消投影效果，双击【图层缩览图】按钮，在弹出的【渐变填充】对话框中选择【反向】选项，单击【确定】按钮，如下图所示。

❸ 重复步骤2的操作，按【Ctrl+T】组合键调整图形大小，再双击【图层缩览图】按钮，调整图形渐变的方向，如下图所示。

键调整图形位置，效果如下图所示。

❺ 添加素材图片，并调整大小和位置，最终效果如下图所示。

❹ 重复步骤3的操作，按【Ctrl+T】组合键调整图形大小，在选项栏中单击【保持长宽比】按钮，【设置垂直缩放比例】为"98.11%"，按【Shift+Ctrl+Alt+T】组合

第11章 个性宝贝的海报设计

家电、水果、电子产品、高科技产品等属于不同的类别,有各自的特点和性质,这也决定了其海报设计的风格不同。每张海报都由独特的背景、符合产品特点的文案及产品信息介绍三个元素组成,本章就从这三个元素入手,介绍个性宝贝的海报设计。

11.1 冰箱行业海报——探"鲜"永无止境

冰箱的作用就是保鲜和冷藏，本章就以探"鲜"永无止境为例来打造一个清新并具有创意的冰箱海报。

11.1.1 图层有序，画面有感

本节以冰箱海报设计为例，具体操作步骤如下。

❶ 打开"素材\ch11\11.1家电\山2.jpg"文件，单击【裁剪工具】按钮 ，在【裁剪工具】选项栏中设置【宽×高×分辨率】为"1920像素、600像素"，如下图所示。

❷ 在裁剪框中按住鼠标左键，拖曳图片至合适的位置，单击选项栏中的 ✓ 按钮，即可对图片进行裁剪，效果如下图所示。

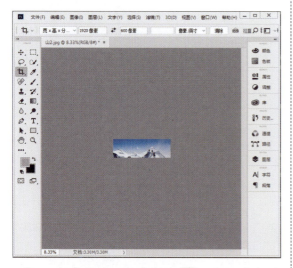

❸ 双击【缩放工具】按钮 ，即可放大图片，如下图所示。

❹ 选择【视图】→【新建参考线】选项，设置两个参数值分别为"4811像素和14311像素"，单击【确定】按钮，效果如下图所示。

❺ 打开"素材\ch11\11.1家电\冰箱抠图ok.psd"文件,将抠好的图直接应用即可,在【图层】面板中选择【抠图成品】图层,右击选择【复制图层】选项,如下图所示。

❽ 隐藏【抠图成品】图层,单击【套索工具】按钮，编辑【背景】图层,勾勒出背景山峰的一部分,如下图所示。

提示:产品级的抠图,最好使用【钢笔工具】。

❻ 弹出【复制图层】对话框,在【目标】选项区域的【文档】下拉列表中,选择【山2.jpg】选项,单击【确定】按钮,如下图所示。

❾ 选择【图层】→【新建】→【通过拷贝的图层】选项,将选区部分复制为一个图层并命名为"冰箱上层",选中该图层拖曳至【抠图成品】图层上面,冰箱就隐藏在山峰之后了,如下图所示。

❼ 选择【编辑】→【自由变换】选项,按住【shift】键等比缩放图形的大小,并移至合适的位置,如下图所示。

⑩ 打开"素材\ch11\11.1家电\山.jpg"文件,调整其大小及位置,将其不透明度设置为半透明的状态,如下图所示。

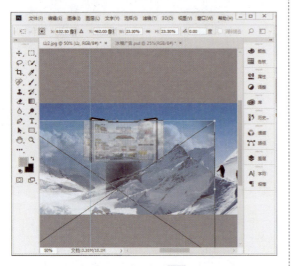

⑪ 单击【套索工具】按钮 ,将山脉的外部轮廓勾勒出来,单击【图层】面板中的【添加图层蒙版】按钮 ,效果如下图所示。

⑫ 将【不透明度】调整为"100%",将

【山】图层拖曳至【抠图成品】图层的下面,效果如下图所示。

⑬ 选中【抠图成品】图层,单击【添加图层蒙版】按钮 ,单击【画笔工具】按钮 ,颜色设置为"黑色",硬度设置为"100%",调整画笔大小,沿着山峰边缘将冰箱多余部分擦掉,如下图所示。

⑭ 选中【山】图层，单击【画笔工具】按钮，颜色设置为"黑色"，将山峰多余的部分擦掉方便进行融合，如下图所示。

11.1.2 好的广告词，让作品魅力无限

一句好的广告语对品牌来说至关重要，它是品牌的眼睛，对人们理解品牌内涵、建立品牌忠诚度都有不同寻常的意义。

本节介绍细节的处理，具体操作步骤如下。

❶ 选中【山】图层，单击面板中的【创建新的填充或调整图层】按钮，在弹出的快捷菜单中选择【色阶】选项，如下图所示。

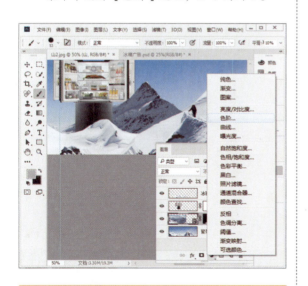

> 提示：选中该图层，单击鼠标右键，在弹出的菜单中选择【创建剪贴蒙版】选项，在调色阶的时候，可以防止整个背景颜色发生改变。

❷ 在弹出的【属性】面板中调整色阶参数，如下图所示。

❸ 单击【横排文字工具】按钮，输入"探'鲜'永无止境"，字号设置为"12点"，字体设置为"方正兰亭粗黑"，字体颜色填充参数，如下图所示。选中"鲜"字，字号设置为"16点"，颜色改

为"白色"。

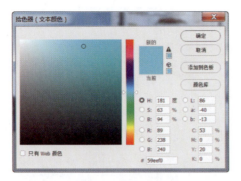

❹ 选中"探"字,选择【窗口】→【字符】选项,在弹出的【字符】面板中【字符偏移】参数设置为"4点",如下图所示。

❺ 单击【矩形工具】按钮,绘制一个矩形,颜色填充为"红色",单击【横排文字工具】按钮,输入"立即购买",字号设置为"8点",颜色设置为"白色",移至绘制的矩形中,如下图所示。

❻ 单击【移动工具】按钮,适当调整矩形位置,矩形【不透明度】调为"116%",如下图所示。

❼ 单击【多边形工具】按钮,该选项栏中"边"的参数设置为"3",绘制一个三角形,颜色填充为"白色",使用【移动工具】移至合适位置即可,如下图所示。

❽ 选择【视图】→【清楚参考线】选项,得到最终效果,如下图所示。

11.2 龙眼行业海报——健康与简单才是最佳选择

水果要的就是新鲜，因此龙眼行业海报健康与简单才是最佳选择。

11.2.1 巧用"通道"，妙用"蒙版"

本节介绍如何制作中国风的海报，具体操作步骤如下。

❶ 打开Photoshop CC 2018软件，新建一个【宽度】为"1920像素"，【高度】为"1160像素"，【分辨率】为"72像素/英寸"，【颜色模式】为"RGB颜色"的空白文档，如下图所示。

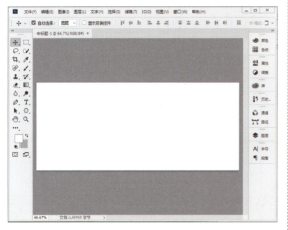

❷ 将"素材\ch11\11.2龙眼\龙眼.jpg"文件拖曳至空白文档中并调至合适位置，如下图所示。

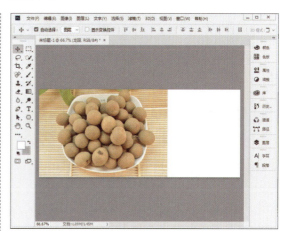

❸ 打开"素材\ch11\11.2龙眼\水墨.jpg"文件，单击【矩形选框工具】按钮框选需要的部分，如下图所示。

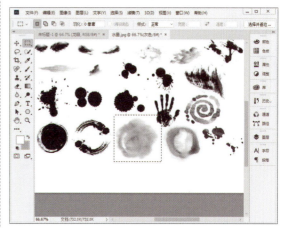

提示： 在【选框工具】选项栏中，可以根据需要使用【添加到选区】、【从选区中减去】和【与选区交叉】。

❹ 将选中部分复制粘贴到新建文档中，选择【编辑】→【自由变换】选项，调整其大小及位置，如下图所示。

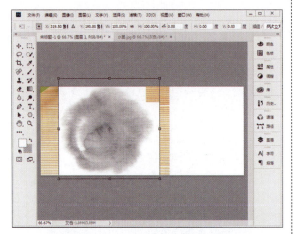

❺ 选择【窗口】→【通道】选项，选中任意一个通道，右击选择【复制通道】选项，单击【确定】按钮，如下图所示。

❻ 选择【图像】→【调整】→【色阶】选项，在弹出的【色阶】对话框中，将"阴影"滑块向右拖动，单击【确定】按钮，如下图所示。

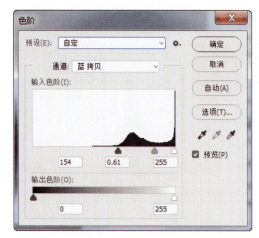

❼ 选择【选择】→【载入选区】选项，弹出【载入选区】对话框，单击【确定】按钮，如下图所示。

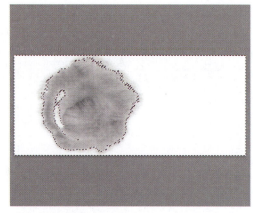

❽ 选中【水墨】图层，单击【添加图层蒙版】按钮，打开【龙眼】图层，效果如下图所示。

❾ 选中【水墨】图层，按【Ctrl+T】组合键对水墨图片进行变形并调整其大小和位置，如下图所示。

⓫ 重复操作步骤8～步骤10，调整龙眼图片的多余部分，效果如下图所示。

❿ 单击【画笔工具】按钮 ，将多余部分擦掉，如下图所示。

11.2.2 不起眼的"笔刷""杂色"，有大用场

❶ 按【Ctrl+Shift+Alt+E】组合键将以上操作做一个整合，图层命名为"杂色"，如下图所示。

❷ 使用【混合器画笔工具】 ，打开【画笔设置】面板，单击【圆扇形细硬毛刷】按钮 ，如下图所示。

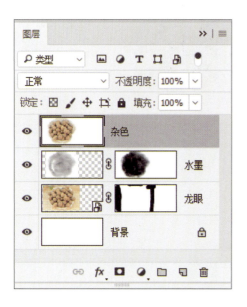

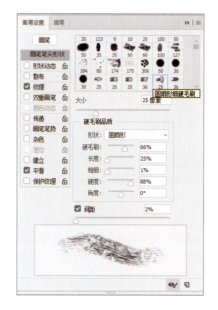

❸ 颜色选择"深灰色",用笔刷在空白处涂刷,如下图所示。

❹ 选择【滤镜】→【杂色】→【添加杂色】选项,在弹出的【添加杂色】对话框中设置参数,单击【确定】按钮,如下图所示。

❺ 添加图层蒙版,使用【画笔工具】,颜色为"黑色"的,将【不透明度】设置为

"119%",将龙眼部分突出,如下图所示。

❻ 使用【横排文字工具】,输入"健康",设置字体为"叶根友行书繁",字号为"88",如下图所示。

❼ 将"素材\ch11\11.2龙眼\龙眼.jpg"文件,拖曳至"健康"字体上方,选中【龙眼】图层右击选择【创建剪贴蒙版】选项,效果如下图所示。

❽ 使用【横排文字工具】,拖曳出一个范围,打开"素材\ch11\11.2龙眼\文案.txt"文件,复制粘贴文本,设置字体为"黑体",字号为"13点",颜色为(R:100,G:117,B:37),效果如下图所示。

体为"方正兰亭大黑",字号为"17点",颜色为"白色",最终效果如下图所示。

❾ 使用【矩形工具】,颜色填充为"红色",绘制一个矩形图形,使用【横排文字工具】输入"加入健康计划",设置字

11.3 手表行业海报——神秘时尚简约

手表主要的作用就是管理时间,制作海报时要以神秘、时尚、简约为主题,突出手表本身的性质。

11.3.1 巧妙运用黑色,简约但不简单

❶ 新建一个【宽度】为"1920像素",【高度】为"600像素",【分辨率】为"72像素/英寸",【颜色模式】为"RGB颜色"的空白文档,如下图所示。

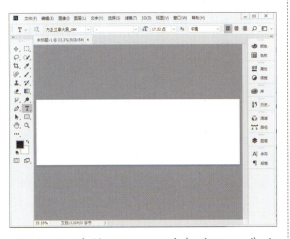

❷ 打开"素材\ch11\11.3手表\宫殿.jpg"文件,按住【Shift+Alt】组合键围绕中心点等比缩放,并将其拖曳至空白文档中调至合适位置,如下图所示。

❸ 新建一个图层命名为"黑色",按【Alt+Delete】组合键将图层填充为前景色,【不透明度】设置为"69%",如下图所示。

❹ 打开"素材\ch11\11.3手表\手表.jpg"文件,单击【快速选择工具】按钮,选中需要抠图的部分,如下图所示。

❺ 在【快速选择工具】的状态栏中单击【选择并遮住】按钮，在弹出的面板中调整参数，单击【确定】按钮，如下图所示。

❻ 选中抠图的图层右击，选择【复制图层】选项，在弹出的【复制图层】对话框中，复制目标文档选择【未标题-1】，单击

【确定】按钮，如下图所示。

❼ 图层命名为"手表"，选择【编辑】→【自由变换】选项，按住【Shift】键调整手表的大小及方向，如下图所示。

❽ 选择【视图】→【新建参考线】命令，设置两个参数值分别为"4811像素和14311像素"，单击【确定】按钮，如下图所示。

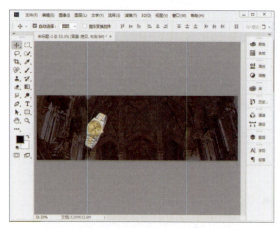

❾ 复制"手表"图层并将其命名为"手表镜像"，按【Ctrl+T】组合键调整图像大小及位置，右击选择【水平翻转】选项，并

将其调至适当位置，如下图所示。

⑩ 选中【手表镜像】图层添加蒙版，使用【渐变工具】，在该选项栏中单击【点按可编辑渐变】按钮，在【渐变编辑器】对话框中选择由黑到白的渐变，单击【确定】按钮，如下图所示。

⑪ 在手表镜像位置由下往上画一条直线，即可做出手表的倒影效果，如下图所示。

⑫ 选中【手表镜像】图层，在【图层】面板中单击【创建新的填充或调整图层】按钮，选择【曲线】选项，在【属性】面板中调整参数，如下图所示。

⑬ 选中【黑色】图层，使用【渐变工具】选项栏中的【对称渐变】按钮，配合曲线的属性面板，对背景图像做相应的调整，效果如下图所示。

11.3.2 虚实的把握、字体的选用，每个细节都很关键

❶ 按【Ctrl+；】组合键取消参考线，如下图所示。

❷ 按【Ctrl+Shift+Alt+E】组合键将上节操作图层做组合，图层命名为"镜头模糊"，并添加图层蒙版，如下图所示。

❸ 使用黑白【径向渐变】对手表图形进行渐变操作，选中"图层预览图"，选择【滤镜】→【模糊】→【镜头模糊】选项，如下图所示。

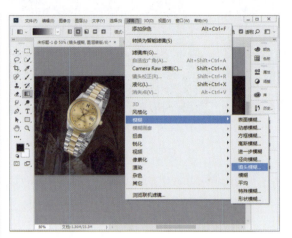

❹ 弹出【镜头模糊】对话框，在【深度映射】选项区域中的【源】下拉列表中，选择【图层蒙版】选项，单击【确定】按钮，如下图所示。

❺ 使用【画笔工具】刷掉背景图像，效果如下图所示。

⑥ 使用【横排文字工具】，输入"K-BURJ 金伯爵极致尊贵 完美品质"，设置字体为"方正兰亭大黑"，字号为"117点"，颜色为"黄色"，按【Ctrl+↑（或↓）】组合键调整行间距，如下图所示。

⑦ 双击图层，弹出【图层样式】对话框，在【样式】选项区域中选中【渐变叠加】选项，单击【点按可编辑器渐变】按钮，弹出【渐变编辑器】对话框，如下图所示。

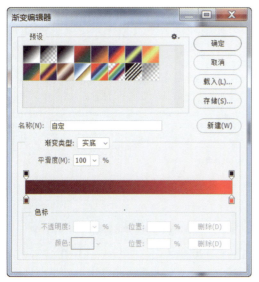

⑧ 在【预设】选项区域中单击按钮，选择【金属】选项，在弹出的对话框中单击【确定】按钮，如下图所示。

⑨ 在【预设】选项区域中选择【金色】选项，单击【确定】按钮，效果如下图所示。

⑩ 使用【横排文字工具】，输入产品的说明文字，全选文字按【Ctrl+↓】组合键缩小行距，设置字体为"微软雅黑"，字号为"14"，颜色为"白色"，如下图所示。

⑪ 按【Ctrl+;】组合键取消参考线，最终效果如下图所示。

11.4 键盘行业海报——沉稳与活跃其实可以相辅相成

键盘也属于电子产品，为了突出产品，我们可以利用沉稳与活跃相互呼应进行设计。

11.4.1 沉稳与活跃其实可以相辅相成

具体操作步骤如下。

❶ 新建一个【宽度】为"1920像素"，【高度】为"600像素"，【分辨率】为"72像素/英寸"，【颜色模式】为"RGB颜色"的空白文档，如下图所示。

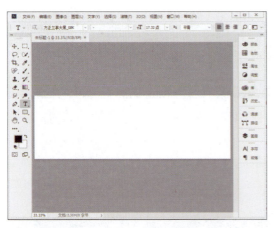

❷ 选择【视图】→【新建参考线】选项，设置两个参数值分别为"4811像素和14311像素"，单击【确定】按钮，如下图所示。

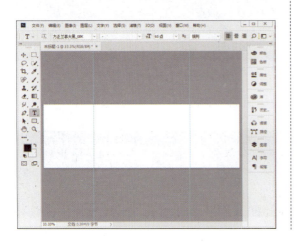

❸ 单击【设置前景色】按钮，在弹出的【拾色器（前景色）】对话框中，选择深灰色，单击【确定】按钮，如下图所示。

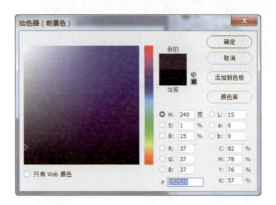

❹ 选择【编辑】→【填充】选项，弹出【填充】对话框，【内容】选择"前景色"，单击【确定】按钮，如下图所示。

❺ 选择【滤镜】→【杂色】→【添加杂色】选项，在弹出的【添加杂色】对话框中设置参数，单击【确定】按钮，如下图所示。

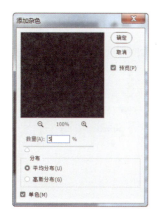

❻ 单击【钢笔工具】按钮，在选项栏的【选择工具模式】中选择【形状】，绘制三个不同颜色的图形，如下图所示。

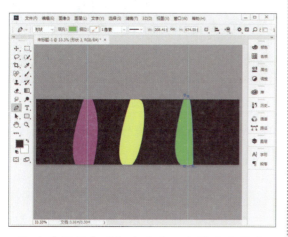

❼ 在【图层】面板中选中三个图形的图层，右击选择【栅格化图层】选项，再重复选择【合并图层】选项，如下图所示。

❽ 选择【滤镜】→【模糊】→【高斯模糊】选项，在对话框中设置【半径】参数为"3611.1像素"，效果如下图所示。

❾ 打开"素材\ch11\11.4键盘\酷蚁.psd"文件，右击【图层 1】，并选择【复制图层】选项，在弹出的对话框中选择目标文档【未标题-1】，如下图所示。

❿ 按【Ctrl+T】组合键调整键盘的大小和方向，图层命名为"键盘"，如下图所示。

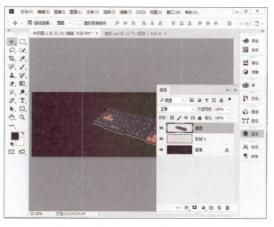

⓫ 选择【滤镜】→【锐化】→【USM锐化】选项，在【USM锐化】对话框中设置参数，单击【确定】按钮，如下图所示。

⑫ 单击【图层】面板中的 按钮，选择【色阶】选项，选中"色阶"图层右击，选择【创建剪贴蒙版】选项，然后设置【属性】面板参数，如下图所示。

⑬ 最终效果如下图所示。

11.4.2 图层样式、调色、工具简而不凡

❶ 选中【键盘】图层，双击弹出【图层样式】对话框，在【样式】选项区域中选中【投影】复选框，适当调整参数，单击【确定】按钮，如下图所示。

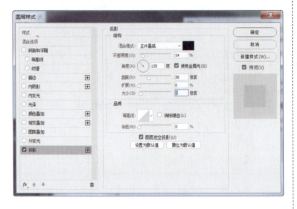

❷ 选择【新建】→【置入嵌入对象】选项，将"素材\ch11\11.4键盘\LOGO.png"文件打开，按住【Shift】键调整大小，并移至合适位置，如下图所示。

❸ 选中【LOGO】图层右击选择【栅格化图层】选项，选择【图像】→【调整】→【反相】选项，效果如下图所示。

第11章
个性宝贝的海报设计

❹ 在【图层】面板中单击【设置图层的混合模式】按钮,在快捷菜单中选择【滤色】选项,效果如下图所示。

❺ 使用【钢笔工具】 ,在选项栏【选择工具模式】中选择【形状】选项,填充选择"无",描边色改为"白色",粗细为"1点",设置形状描边类型选择点线,效果如下图所示。

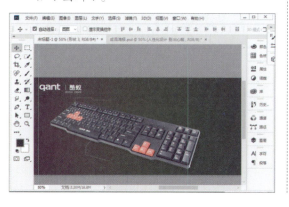

❻ 分别输入"人性化设计 别出心裁"和"超薄耐用 极致体验",效果如下图所示。

❼ 使用【矩形工具】 绘制一个矩形,填充为"无",描边为"红色",粗细为"1点",设置形状描边类型选择点线,输入"立刻购买",字体颜色为"红色",移至合适位置如下图所示。

❽ 选择【视图】→【显示】选项,取消勾选【参考线】选项,最终效果如下图所示。

11.5 平衡车行业海报——别出心裁 漫游世界

平衡车的作用就是为了出行方便快捷,因此,在做平衡车的海报时就要别出心裁,给人漫游世界的视觉冲击。

11.5.1 别出心裁，漫游世界

本节主要介绍海报背景及主体结构的搭建，具体操作步骤如下。

❶ 新建一个【宽度】为"1920像素"，【高度】为"1100像素"，【分辨率】为"72像素/英寸"，【颜色模式】为"RGB颜色"的空白文档，如下图所示。

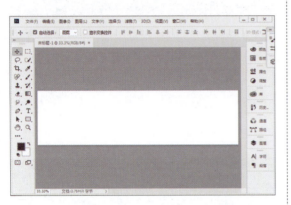

❷ 打开"素材\ch11\11.5平衡车\天空.jpg"文件，选择【文件】→【置入嵌入对象】选项，按【Shift+Alt】组合键围绕中心点等比缩放，并调至合适位置即可，如下图所示。

❸ 选择【视图】→【新建参考线】选项，设置两个参数值分别为"4811像素和14311像素"，单击【确定】按钮，如下图所示。

❹ 打开"素材\ch11\11.5平衡车\平衡车.jpg"文件，单击【快速选择工具】按钮，选中需要抠图的部分，如下图所示。

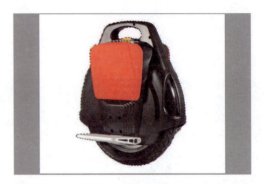

❺ 在【快速选择工具】的状态栏中单击【选择并遮住】按钮，在弹出的【属性】面板中设置参数，单击【确定】按钮，如下图所示。

❻ 选中抠图的图层并右击，选择【复制图层】选项，在弹出的【复制图层】对话框

中,复制目标文档选择【未标题-1】,单击【确定】按钮,如下图所示。

❼ 图层命名为"平衡车",选择【编辑】→【自由变换】选项,按住【Shfit】键调整图片的大小及方向,如下图所示。

❽ 选择【滤镜】→【锐化】→【USM锐化】选项,在【USM锐化】对话框中设置参数,数量为"61%",半径为"1.7像素",单击【确定】按钮,如下图所示。

❾ 选择【图像】→【调整】→【色阶】选项,在【色阶】对话框中设置参数,如下图所示。

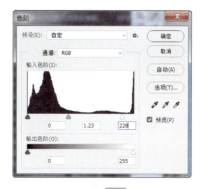

❿ 使用【椭圆工具】 ,在选项栏中选择【形状】,填充为"黑色"并绘制图形,图层命名为"阴影",如下图所示。

⓫ 选择【滤镜】→【模糊】→【高斯模糊】选项,在弹出的【高斯模糊】对话框中设置参数为"11.8像素",调整【不透明度】为"40%",然后使用【移动工具】 调整阴影位置即可,如下图所示。

11.5.2 小技巧,大绝招

❶ 选择【新建】→【置入嵌入对象】选项,将"素材\ch11\11.5平衡车\云.jpg"文件置入,按【Shift】键调整大小,并移至合适位置,如下图所示。

❷ 双击【云】图层空白处，弹出【图层样式】对话框，在【混合颜色带】选项区域拖曳本图层下的 ▲ 按钮，按住【Alt】键将可以将 ▲ 按钮一分为二，单击【确定】按钮，如下图所示。

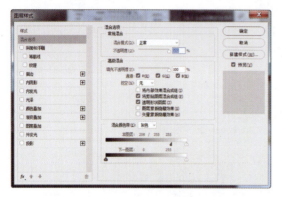

❸ 选中【云】图层添加一个蒙版，使用【画笔工具】设置【颜色】为"黑色"，【不透明度】为"111%"，对"云"图像进行涂刷，并移至合适位置，效果如下图所示。

❹ 按住【Alt】键，拖曳"云"图像至合适的位置，再做适当的调整，效果如下图所示。

❺ 使用【钢笔工具】在选项栏【选择工具模式】中选择【形状】选项，颜色为背景相似

的颜色即可，绘制图形，如下图所示。

❻ 选中【图层】面板中的三个形状图层，【不透明度】设置为"52%"，选择【图层】→【图层编组】选项，将三个形状图层编组命名为"形状组"，如下图所示。

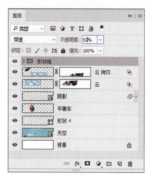

❼ 使用【横排文字工具】输入"产品优势"，设置字号为"28"，字体为"黑体"，颜色为"黄色"，如下图所示。

❽ 使用【横排文字工具】框选一个大概的范围，打开"素材\ch11\11.5平衡车\文案.rtf"文件，将内容复制粘贴进来即可，设置字号为"16"，字体为"黑体"，颜色为"白色"，最终效果如下图所示。

第12章
详情页海报设计大揭秘

详情页可以让客户了解产品，激起客户购买产品的欲望。本章主要介绍宝贝详情页海报设计的重要性、详情页的制作流程及店铺活动图的制作。

12.1 详情页为什么那么重要？

对于淘宝电商来说，除了要知道钻展、直通车、海报设计等引流方面的知识外，还要知道如何将引入的流量进行转化，从而形成最后的实际交易。在这个过程中详情页的设计显得尤为重要，因为不管是通过直通车，还是通过首页的钻展引流进来，最终都是为了转化为实际的交易。

据不完整数据统计，在网络交易中，有90%以上的成交转化是通过详情页来完成的。一个好的产品详情页能够激起顾客的消费欲望，促使顾客下单购买。

那详情页有什么作用呢？

首先，详情页可以让客户充分了解我们的产品。网络上的交易需要消费者和卖家彼此信任，才能更好地促成。试想一下，在网上购物的时候，详情页里面完全没有你想了解的产品信息，你会放心购买吗？我想答案一定是否定的。

其次，一个优秀的产品详情页可以激起客户的购买欲望，可以打消客户心中的疑虑，也可以促使客户下单成交。因此，一个优秀的详情页对我们的交易是非常重要的，我们要运用好详情页。

那么怎样设计才能让我们的详情页更具有吸引力呢？

下面就先来分析一下详情页的设计都包括哪些内容。

先任意选择一个店铺，观察其设计风格，这里以最具代表性的服装类产品详情页的设计为例来分析。

在淘宝中搜索"连衣裙"，然后任意选择一个商品，进入该商品的详情页。

首先是一个落地页，也可以称作活动图，如右图所示。

其次是关联销售，如下图所示。

再次是模特图，即这件衣服穿在模特身上的效果，如下图所示。

复次是尺码图，一般服装类的产品会将买家比较关心的尺码问题，放在详情页靠上的位置，如下图所示。

尺码	后衣长	胸围	腰围	肩宽	袖长	袖肥	领宽	下摆
L	90	95	86	37	47	36	19	/
XL	91	100	91	38.5	47.5	37.6	19.4	/
2XL	92	105	96	40	48	39.2	19.8	/
3XL	93	110	101	41.5	48.5	40.8	20.2	/
4XL	94	115	106	43	49	42.4	20.6	/
5XL	95	120	111	44.5	49.5	44	21	/

※ 此数据为平铺测量，由于每个人测量的手势方法不同，允许存在1-3cm误差，敬请谅解！

又次是产品图，即向客户展示产品的整体样貌。

最后是细节图,充分展示产品的细节部分。

▶ 蝴蝶结抽绳

总体来看,产品详情页的设计由活动图、关联销售、模特图、产品图、细节图、尺码图六大部分组成。

12.2 爆款的秘密——详情页制作流程

通常情况下,店铺好坏与流量大小成正比,那么如何才能增加店铺的流量呢?在制作产品详情页时,要注意客户是在网上购物,其选择性是比较大的,比如购物者在一个店铺里找不到自己想要的信息或者此页面中没有特别吸引人的信息时,客户可能会立马关掉此页面,到另外一家店铺购买需要的商品。

下面来看这样的一个案例。

通过对上面的案例分析，得出如下结论：

① 整个排版比较乱；② 信息量特别大。

想象一下，如果你是客户，你会花时间将这些信息全部读完吗？一般情况下是不可能的，因为客户能接受的时间是3～5s，所以在做活动页时，要尽量在3～5s让客户抓取到想要的信息，吸引客户的眼球，并使其产生购买欲望。

接下来我们将上图做一些简单的调整，如下图所示。

我们可以看到调整后的效果：

① 排版有主有次；② 有抓住客户眼球的信息。

对比这两个图会发现，同样是全5分好评，调整后的图片显得更吸引人，因为这样的标题，客户一眼就能扫过去，并且"赠好礼返现金"的信息已成功抓住客户的眼球，只有先抓住客户的眼球，客户才有可能继续浏览详情页中的内容。详情页中主要有六项内容是需要关注的：

① 店铺活动图；② 模特图；③ 产品图；④ 细节图；⑤ 尺码描述；⑥ 相关推荐。

1. 店铺活动图

网店中必须要有店铺活动，也就是促销活动，现在节日比较多，如"三八妇女节""劳动节""双十一""双十二""国庆节""元旦""圣诞"和"春节"等，那么店铺活动就可以根据这些节日来定。下面是一个店铺中的活动图。

从这张活动图中可以看到，10元+150淘金币可以换购原价为68元的产品，从客户的角度出发，这样的活动让他们感觉自己占了便宜，所以客户很有可能会继续往下看。这就是活动页的作用，把客户吸引住，让客户能在你的店铺页停留下来。

2. 模特图

当客户对店铺的活动或某个产品产生兴趣时，客户接下来会希望看到这件产品应用在自己身上，比如说这件衣服穿在自己身上大概是一种什么样的效果，这时候就需要模特展示图，如右图所示。

3. 产品图

产品图用来展示产品的整体样貌，可以帮助客户更好地了解自己要购买的产品，如右图所示。

正面　　　反面

4. 细节图

产品图全方位展现了产品之后，客户可能还想了解一下产品的细节，这就需要将产品的细节展示出来，如果产品的细节能够被客户接受，那这个产品就基本上就没有什么问题了，如右图所示。

5. 尺码描述

当客户对产品各个方面都满意之后，接下来就该关心产品的尺码问题了，这时就需要提供一个供客户参考的尺码表以及该产品的适应人群，如右图所示。

6. 相关推荐

如果你的店铺或者其中某一款产品的流量很高，这时候可以考虑二次营销。所谓二次营销，实际上是针对客户在不同时期、不同地点的不同需求的管理，如可以在流量高的产品的详情页中加上一个相关推荐，推荐店铺中的其他产品，如右图所示。

注意： 产品详情页的制作要注意两点：第一点是要节省客户的时间，第二点是要按照以上的流程来制作。因为从客户的关注度来说，排在首位的一定是活动图，即这个产品有没有优惠，这是客户比较关心的问题；其次是这个产品适不适合自己，即模特图，及整个产品的样子，即产品图；再次是具体到产品的每一个细节的展示，即细节图；若客户对产品比较满意，接下来客户关心的应该是这件产品的尺码问题，即尺码描述；最后是相关推荐，比如客户买一件衣服，可以帮客户推荐搭配合适的包或鞋子，在方便客户的同时，也能增加店铺中其他产品的销量。

12.3 吸引客户很重要——店铺活动图

本节介绍店铺活动图的制作，主要包括活动主图、视频活动图以及关联销售模块的制作方法。

12.3.1 利用PS设计活动主图

在制作活动主图时，首先需要了解页面的尺寸问题，淘宝店的活动图的宽度在750左右，天猫店的活动图的宽度在790左右，虽然尺寸上有细微的差别，但制作方法是一样的，下面就来看一下制作活动图的具体操作步骤。

1. 创建大小合适的页面，并调整页面的背景颜色

❶ 打开Photoshop CC 2018软件，单击【新建】按钮，如下图所示。

❷ 弹出【新建文档】对话框，在右侧区域中将【宽度】设置为"750像素"，【高度】设置为"300像素"，【颜色模式】为"RGB颜色"，【背景内容】为"白

色"，其他值保持默认的不变，然后单击【创建】按钮，如下图所示。

❸ 单击【设置前景色】按钮，弹出【拾色器（前景色）】对话框，选择与店铺的整体风格色彩相类似的颜色，设置在R=255，G=245，B=236，单击【确定】按钮，如下图所示。

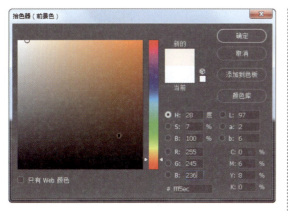

❹ 选择【编辑】→【填充】选项，如下图所示。

❺ 弹出【填充】对话框，将【内容】设置为"前景色"，然后单击【确定】按钮，如下图所示。

❻ 背景颜色调整后的效果如下图所示。

2.置入图像，并适当调整图像大小

❶ 选择【文件】→【置入嵌入对象】选项，如下图所示。

❷ 弹出【置入嵌入的对象】对话框，选择"素材\ch12\大图爆款1.tif"文件，单击【置入】按钮，如下图所示。

❸ 按住【Alt+Shift】键拖曳图像，使图像围绕中心进行缩放，直至完全覆盖背景，单击【提交变换】按钮，如下图所示。

❷ 单击工具栏中的【渐变工具】按钮，在【渐变工具】选项栏中单击【点按可编辑渐变】按钮，弹出【渐变编辑器】对话框，在【预设】选项组中选择【黑，白渐变】，然后单击【确定】按钮，如下图所示。

❹ 图像调整效果如下图所示。

3.为图像添加淡淡的色彩

❶ 单击【图层】面板中的【添加图层蒙版】按钮，如下图所示。

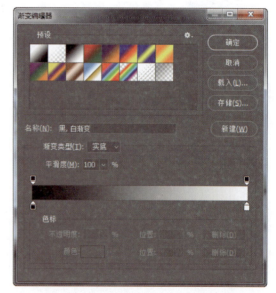

❸ 在【渐变工具】选项栏中选择【线性渐变】选项，【不透明度】为"100%"，如下图所示。

④ 在图像上按住鼠标左键进行拖曳，为图像添加淡淡的色彩，效果如下图所示。

⑤ 单击工具栏中的【画笔工具】按钮，选择合适的画笔大小，适当地调整图像，效果如下图所示。

4.在图像上添加优惠信息

① 打开"素材\ch12\优惠券1.psd"文件。在【图层】面板中可以看到，该文件中的对象被分成了各个组，接下来需要复制该文件中的某一个组，如下图所示。

② 单击工具栏中的【移动工具】按钮，并在【移动工具】选项栏中勾选【自动选择】选择框，在其后面的下拉列表中选择【组】，如下图所示。

③ 在"优惠券1.psd"文件的绘图窗口中单击选择要复制的对象，比如这里选择对象，此时在【图层】面板中会自动选择相应的组——"价格"，在【价格】组上右击，在弹出的快捷菜单中选择【复制组】选项，如下图所示。

④ 弹出【复制组】对话框，在【目标】选项组中，选择【未标题-1】文档，然后单击【确定】按钮，如下图所示。

⑤ 选择【未标题-1】文档，即可看到复制过来的【价格】组，单击【移动工具】按钮，

将其移动到合适的位置,如下图所示。

❻ 选择【编辑】→【自由变换】选项,如下图所示。

❼ 调整图片至合适的大小,如下图所示。

❽ 使用同样的方法,再将【优惠券】文档中的"11.11购物狂欢节"对象复制到【未标题-1】文档中,并将其移动到合适的位置,效果如下图所示。

❾ 在【图层】面板中展开【组2】,在展开的下拉列表中选择【组1】图层将其删除,并将"组2"名称修改为"狂欢节",如下图所示。

❿ 在【图层】面板中双击【狂欢节】,弹出【图层样式】对话框,在左侧【样式】列表中选择【渐变叠加】选项,在【渐变】选项组中,单击【渐变】选项后的【点按可编辑渐变】按钮,如下图所示。

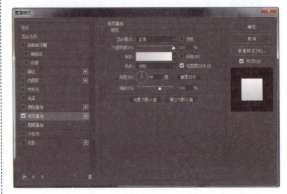

⓫ 弹出【渐变编辑器】对话框,双击【色标】按钮,如下图所示。

⑭ 返回【图层样式】对话框,在【预览】区域中可看到设置的渐变色效果,单击【确定】按钮,如下图所示。

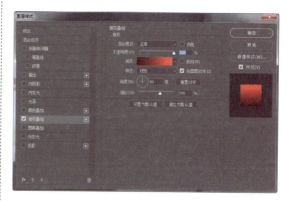

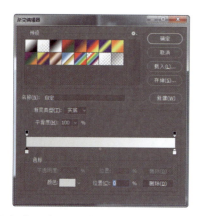

⑫ 弹出【拾色器(色标颜色)】对话框,选择深红色,单击【确定】按钮,如下图所示。

⑮ 最终效果如下图所示。

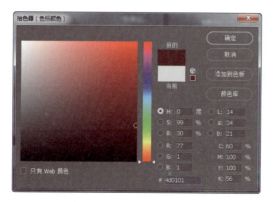

⑯ 选择【大图爆款1】图层,并在【指示图层蒙版连接到图层】按钮 上右击,在弹出的快捷菜单中选择【删除图层蒙版】选项,如下图所示。

⑬ 使用同样的方法,将右侧的【色标】颜色设置为"浅红色",返回【渐变编辑器】对话框,适当调整【色标】的位置,设置完成后,单击【确定】按钮,如下图所示。

⑰ 然后单击【图层】面板下方的【添加图层蒙版】按钮 ,再使用【渐变工具】 适当调整图像,效果如下图所示。

⑱ 选择【文件】→【置入嵌入对象】选项，弹出【置入嵌入的对象】对话框，选择"素材\ch12\一道菜.png"文件，单击【置入】按钮，如下图所示。

⑲ 根据需要适当调整图片的位置及大小，效果如下图所示。

⑳ 选择【文件】→【存储为】选项，弹出【另存为】对话框，将【文件名】设置为"活动页面"，【保存类型】为"JPEG"格式，然后单击【保存】按钮，即可完成活动页面的制作，如下图所示。

5.将图片添加至详情页中

❶ 进入淘宝网卖家中心，在左侧的【宝贝管理】区域中单击【出售中的宝贝】按钮，如下图所示。

❷ 选择要制作详情页的产品，如这里选择"青花瓷"产品，并单击产品右侧的【编辑宝贝】按钮，如下图所示。

❸ 在弹出的界面【电脑端描述】区域单击【添加图片】按钮，如下图所示。

❹ 弹出【图片空间】对话框，单击【上传图片】按钮，如下图所示。

❺ 在弹出的界面中，也可以将所要上传的图片直接拖曳到这里，单击【上传】按钮，如下图所示。

❻ 弹出【打开】对话框，选择要上传的文件，单击【打开】按钮，如下图所示。

❼ 选择要上传的图片，单击【确认】按钮，如下图所示。

❽ 将图片上传到【电脑端描述】区域中，单击右下方的【立即保存】按钮，然后单击【发布】按钮，如下图所示。

❾ 即可在【宝贝详情】区域中看到上传的图片，如下图所示。

12.3.2 详情页视频活动图制作

本节继续完善产品详情页中的活动页面，在制作之前，首先需要上传视频，然后将视频放入产品的详情页中，最后自定义视频的宽度。

1. 上传视频

❶ 首先进入【卖家中心】，在左侧【宝贝管理】区域中单击【出售中的宝贝】按钮，如下图所示。

❷ 在相应的宝贝右侧单击【编辑宝贝】按钮，如下图所示。

❸ 进入【一口价宝贝发布】界面，单击【电脑端描述】区域中的【详情导航模块】按钮，在弹出的对话框中单击【新建模块】按钮，如下图所示。

❹ 在【填写模块信息】区域中选择【插入视频】选项，如下图所示。

❺ 弹出【宝贝视频】对话框，单击【立即订购】按钮，如下图所示。

提示：这里是第一次使用，所以需要订购相关的视频服务。

❻ 进入【服务市场】界面，选择一个视频工具，这里选择第一个"淘宝视频服务（PC端）"产品，单击【立即订购】按钮，如下图所示。

❼ 根据需要进行购买，这里先订购试用版的来进行介绍，如下图所示。

❽ 付款完成后会出现【订购成功】的界面，如下图所示。

⑨ 返回【卖家中心】，选择【我订购的应用】→【淘宝视频服务】选项，如下图所示。

⑩ 进入【旺铺-素材中心】界面，单击界面右上角的【上传】按钮，如下图所示。

⑪ 弹出【上传视频】对话框，将【上传到】设置为"PC电脑端视频库"，单击【上传】按钮，如下图所示。

提示：也可以找到要上传的视频，将其直接拖曳到【上传视频】对话框中。

⑫ 弹出【打开】对话框，选择要上传的视频，单击【打开】按钮，如下图所示。

⑬ 视频上传成功后，在下方选择一张封面图片，然后单击【确认】按钮，如下图所示。

⑭ 返回【旺铺-素材中心】页面，单击【刷新】按钮，刷新页面，即可看到上传的视频正在审核中，过1～2min后，再次刷新页面，即可看到上传的视频已审核通过。然后选择该视频，在弹出的选项中单击【发布至店铺】按钮，将视频发布至店铺，完成视频的上传，如下图所示。

2.将视频放入宝贝详情页中

❶ 返回【填写模块信息】页面，选择【插入视频】，弹出【多媒体中心】对话框，选择刚才上传的视频，单击【插入】按钮，然后单击【完成】按钮，如下图所示。

❷ 自动返回【填写模块信息】页面，单击【源码】按钮 ⬚，如下图所示。

❸ 这里选中所有的代码，按【Ctrl+C】组合键复制，如下图所示。

提示： 在【电脑端描述】区域中新建模块，是为了获取视频代码。

❹ 返回【宝贝编辑】界面，单击【电脑端描述】区域中的【源码】按钮 ⬚，如下图所示。

❺ 按【Enter】键另起一行，粘贴复制的代码，如下图所示。

在代码中可以看到该视频的【高度】（height）为"390"像素，【宽度】（width）为"480"像素。

3.更改视频尺寸

由代码可以看出，这个视频尺寸是不符合要求的，接下来需要修改视频的尺寸，其中视频的【宽度】是"750"像素，这是固定不变的，接下来就需要在Photoshop CC 2018软件中查看在等比缩放情况下视频的【高度】。

❶ 在Photoshop CC 2018软件中打开"素材\ch12\舌尖上的中国Video.psd"文件，选择【图像】→【图像大小】选项，如下图所示。

❷ 弹出【图像大小】对话框，设置【宽度】为"750像素"，在等比缩放的条件下，可以得出图像的【高度】为"342像素"，如下图所示。

❸ 返回网页中，在【源码】中将高度设置为"342"，宽度改为"750"，如下图所示。

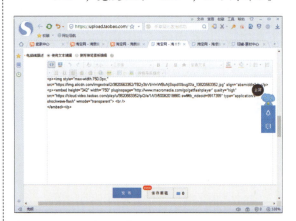

❹ 再次单击【源码】按钮，可看到添加的视频，其宽度与上一张"活动页面"图片的宽度一致。然后单击【发布】按钮，如下图所示。

❺ 在【宝贝详情】页面中可看到制作的视频，如右图所示。

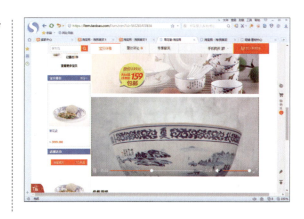

12.3.3 快速设计关联销售模块

1.创建背景

❶ 打开Photoshop CC 2018软件，单击【新建】按钮，弹出【新建文档】对话框，将【宽度】设置为"750像素"，【宽度】为"400像素"，然后单击【创建】按钮，如下图所示。

❷ 在工具栏中单击【矩形工具】按钮，并在绘图窗口中单击，弹出【创建矩形】对话框，设置矩形【宽度】为"240像素"，【高度】为"300像素"，单击【确定】按钮，如下图所示。

❸ 在【矩形工具】选项栏中设置矩形的填充颜色为"浅蓝色（R=109，G=199，B=237）"，如下图所示。

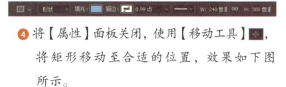

❹ 将【属性】面板关闭，使用【移动工具】，将矩形移动至合适的位置，效果如下图所示。

❺ 使用【矩形工具】，在绘图窗口中拖曳，绘制一个矩形，将其填充颜色更改为"白色"，并在【图层】面板中，将

【矩形2】图层的【不透明度】调整为"44%"，效果如下图所示。

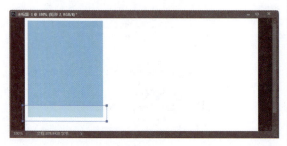

❻ 选择【矩形2】图层并右击，在弹出的快捷菜单中选择【创建剪切蒙版】选项，如下图所示。

❼ 然后按【Enter】键，即可将【矩形2】中多余的部分删除，效果如下图所示。

2.在创建的背景上添加产品图片

❶ 选择【矩形1】图层，选择【文件】→【置入嵌入对象】选项，如下图所示。

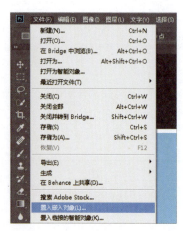

❷ 弹出【置入嵌入的对象】对话框，选择随书学习资源中的"素材\ch12\大图爆款1.tif"文件，单击【置入】按钮，如下图所示。

❸ 将文件置入文档中，如下图所示。

❹ 按住【Shift】键，适当调整图片的大小，

然后使用【移动工具】，将图片移动至合适的位置。选择【大图爆款1】图层并右击，在弹出的快捷菜单中选择【创建剪贴蒙版】选项，如下图所示。

❺ 将图片完全限定在蓝色区域中，效果如下图所示。

❻ 使用【移动工具】，将"矩形2"适当向上移动，并调整其【不透明度】为"72%"，然后打开"素材\ch12\立即购买.png"文件，在【背景】图层上右击，在弹出的快捷菜单中选择【复制图层】选项，如下图所示。

❼ 弹出【复制图层】对话框，在【目标】选项组中，选择【文档】为【未标题-1】文档，单击【确定】按钮，如下图所示。

❽ 选择【未标题-1】文档，将复制过来的图片移动到合适的位置，选择【编辑】→【自由变换】选项，适当调整图片大小，效果如下图所示。

3.添加产品价格及优惠信息

❶ 使用【横排文字工具】，在选项栏中对字体进行如下图所示的设置。

② 在图片的合适位置单击并输入"优惠价：¥99元"。选择【窗口】→【字符】选项，打开【字符】面板，选中输入的文字，将【字符间距】调整为"10"，如下图所示。

③ 并适当调整"99"的字体大小及颜色，效果如下图所示。

④ 接着输入"产品1相关信息"，并适当调整其颜色，达到层次鲜明的效果，最终效果如下图所示。

⑤ 为图层编组，以便更好地管理图层。在【图层】面板中选择【产品1相关信息】图层，按住【Shift】键的同时，选择【矩形1】图层，选中相关的图层，然后选择【图层】→【图层编组】选项，如下图所示。

⑥ 将所选图层放入一个组中，将组命名为"产品1"，如下图所示。

4.使用复制组的方法，绘制其他两个关联产品图

❶ 使用【移动工具】，在其选项栏中勾选【自动选择】选择框，在其后的下拉列表中选择【组】选项，如下图所示。

❷ 在绘图窗口中单击前面绘制完成的图，选择【产品1】组，然后按住【Alt】键的同时，进行拖曳，复制出两个相同的产品关联图，如下图所示。

❸ 在【图层】面板中将复制的两个组的名称分别改为"产品2""产品3"，并同时选中【产品1】【产品2】和【产品3】三个组，在【移动工具】选项栏中，单击【水平居中分布】按钮，如下图所示。

❹ 效果如下图所示。

❺ 替换复制的产品图片信息。在【移动工具】选项栏中，将【自动选择】选择为【图层】选项，在需要替换的图片上单击，系统会自动选择相应的图层，如下图所示。

❻ 选择【文件】→【置入嵌入对象】选项，弹出【置入嵌入的对象】对话框，选择"素材\ch12\大图爆款2.jpg"文件，单击【置入】按钮，如下图所示。

❼ 按住【Shift】键，适当调整图片大小，并将图片移动至合适的位置，在【大图爆款2】图层上右击，在弹出的快捷菜单中选择

【创建剪贴蒙版】选项,完成产品图片的替换,效果如下图所示。

❽ 使用同样的方法替换另一张产品图片,效果如下图所示。

❾ 使用【裁剪工具】,将背景进行适当的调整,如下图所示。

❿ 最终效果如下图所示。

12.3.4 关联销售切片与链接添加

本节使用【切片工具】把上节制作的关联销售图切分为三个小图,并对图片进行一定的优化。

1.制作切片

❶ 接着上节的内容继续操作,在工具栏中单击【切片工具】按钮,在绘图窗口中选择中间的图形进行切分,将整个图形一分为三,如下图所示。

❷ 使用【切片选择工具】,单击选项栏中的【显示自动切片】按钮,如下图所示。

❸ 将其他两个切片显示出来,效果如下图所示。

❹ 选择【文件】→【导出】→【存储为Web所用格式】选项。弹出【存储为Web所用格式】对话框,选中对话框中的三张图片,将优化的文件格式设置为"JPEG",压缩品质设置为"高",【品质】设置为"60",单击【存储】按钮,如下图所示。

❷ 选择要编辑的宝贝，单击【编辑宝贝】按钮，如下图所示。

❸ 在【电脑端描述】窗口中，将鼠标指针放置在窗口内容最后的位置，然后按【Enter】键，另起一行，单击【插入图片】按钮，如下图所示。

❹ 弹出【图片空间】对话框，单击【上传图片】按钮，如下图所示。

❺ 弹出【将优化结果存储为】对话框，选择文件要保存的位置，单击【保存】按钮，如下图所示。

2.将图片上传至宝贝详情页中

❶ 登录淘宝，进入【卖家中心】，在左侧列表中单击【宝贝管理】区域中的【出售中的宝贝】按钮，如下图所示。

❺ 在弹出的界面中单击【上传】按钮，如下图所示。

❻ 弹出【打开】对话框，选择要上传的图片，单击【打开】按钮，如下图所示。

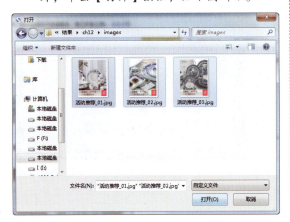

❼ 选择需要上传的三张图片，单击【确认】按钮，如下图所示。

❽ 将图片上传到宝贝详情页中，如下图所示。

3.为图片添加链接

❶ 在【电脑端描述】窗口中双击要添加链接的图片，弹出【编辑图片】对话框，将相对应的产品地址粘贴到【链接网址】后的文本框中，然后单击【确定】按钮，如下图所示。

❷ 使用同样的方法为其他两张图片添加链接。链接添加完成后单击【发布】按钮，可在【宝贝详情】页面中看到添加的图片，单击图片，可进入相应的产品链接，如下图所示。

第13章
详情页海报设计实战

本章介绍宝贝详情页的海报设计方法，主要是结合Photoshop CC 2018制作详情页中的模特图、产品图、细节图、尺码图、相关推荐以及默认详情页的营销模块等，最终完成PC端宝贝详情页的制作。

13.1 给买家秀秀宝贝——模特图

当客户对店铺的活动或某个产品感兴趣时，客户接下来会希望看到这件产品使用在自己身上，符不符合自己的品位，比如说这件衣服穿在自己身上大概是一种什么样的效果，这时候就需要展示模特图。

1.创建合适的画布并置入背景图

❶ 打开Photoshop CC 2018软件，单击【新建】按钮，弹出【新建文档】对话框，设置【宽度】为"750像素"，【高度】为"400像素"，【分辨率】为"72像素/英寸"，单击【创建】按钮，如下图所示。

❷ 选择【文件】→【置入嵌入对象】选项，如下图所示。

❸ 弹出【置入嵌入的对象】对话框，选择随书学习资源中的"素材\ch13\背景.jpg"文件，单击【置入】按钮，如下图所示。

❹ 适当调整图片的大小，效果如下图所示。

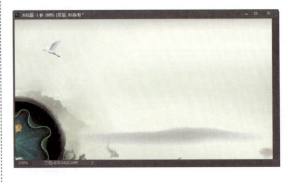

2.置入并调整"模特"图片

❶ 选择【文件】→【置入嵌入对象】选项，弹出【置入嵌入的对象】对话框，选择"素材\ch13\模特2.jpg"文件，单击【置入】按钮，如下图所示。

❷ 适当调整图片大小，并将其移动至合适的位置，如下图所示。

❸ 在工具栏中单击【快速选择工具】按钮 ，创建人物选区，如下图所示。

❹ 在【快速选择工具】选项栏中，单击【选择并遮住】按钮，如下图所示。

❺ 在弹出的界面右侧的【属性】区域中，进行如下图所示的设置。

❻ 最终效果如下图所示。

3.复制并调整"水墨"图片

❶ 打开"素材\ch13\水墨素材.psd"文件，在【图层】面板中选择【图层7】并右击，在弹出的快捷菜单中选择【复制图层】选

项，如下图所示。

❷ 弹出【复制图层】对话框，在【目标】选项组中选择【文档】为【未标题-1】文档，然后单击【确定】按钮，如下图所示。

❸ 选择【未标题-1】文档，在【图层】面板中将复制过来的图层命名为"水墨"，如下图所示。

❹ 在【移动工具】选项栏中选择【显示变换控件】复选框，按【Ctrl+T】组合键，执行【自由变换】命令，使用【放大工具】，按住【Alt】键，将图形缩小，可看到复制的水墨图，调整其大小，并移动至合适的位置，如下图所示。

4.置入并调整"盘子"图片

❶ 选择【文件】→【置入嵌入对象】选项，弹出【置入嵌入的对象】对话框，选择"素材\ch13\盘子.ai"文件，单击【置入】按钮，如下图所示。

❷ 弹出【打开为智能对象】对话框，单击【确定】按钮，如下图所示。

果如下图所示。

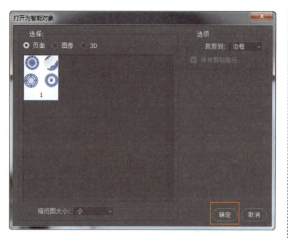

❸ 将"盘子"图片置入进来，按住【Shift】键，调整其大小，并将其移动至合适的位置，效果如下图所示。

❹ 使用【矩形选框工具】，并框选如下图所示的图形。

❺ 在【图层】面板中，单击【添加图层蒙版】按钮。将其他的盘子快速删除，效

❻ 在【图层】面板中，双击【盘子】图层空白的部分，弹出【图层样式】对话框，选择【投影】选项，在右侧区域中进行如下图所示的设置。设置完成后，单击【确定】按钮。

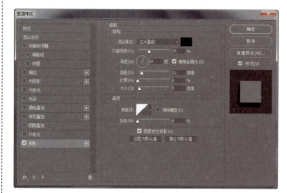

❼ 为盘子添加投影效果，效果如下图所示。

5.置入"一道菜"图片,并设置其他细节

❶ 选择【文件】→【置入嵌入对象】选项,弹出【置入嵌入的对象】对话框,选择"素材\ch13\一道菜.png"文件,单击【置入】按钮,如下图所示。

❷ 按住【Shift】键调整其大小,并将其移动至合适的位置,如下图所示。

❸ 接下来修饰细节部分。选择【椭圆工具】,在其选项栏中将【填充色】设置为"黑色",如下图所示。

❹ 在绘图窗口中绘制一个椭圆,将该图层命名为"阴影",并将其移动至合适的位置,如下图所示。

❺ 选择【阴影】图层,选择【滤镜】→【模糊】→【高斯模糊】选项,如下图所示。

❻ 弹出【Adobe Photoshop CC 2018】提示框，单击【转换为智能对象】按钮，如下图所示。

❼ 弹出【高斯模糊】对话框，将【半径】调整为合适的大小，然后单击【确定】按钮，如下图所示。

❽ 适当调整【阴影】图层的不透明度，最终效果如下图所示。

❾ 最后选择【文件】→【存储为】选项，将文件存储为"JPEG"格式，如下图所示。

6.将图片添加至详情页中

❶ 登录淘宝，进入【卖家中心】，在左侧列表中选择【宝贝管理】区域中的【出售中的宝贝】选项。选择要编辑的宝贝，单击【编辑宝贝】按钮，如下图所示。

❷ 在【电脑端描述】窗口中，将鼠标指针放置在窗口中内容最后的位置，然后按【Enter】键另起一行，单击【插入图片】按钮，如下图所示。

❸ 弹出【图片空间】对话框，单击【上传图片】按钮，如下图所示。

❹ 在弹出的界面中单击【上传】按钮，如下图所示。

❺ 弹出【打开】对话框，选择要上传的图片，单击【打开】按钮，如下图所示。

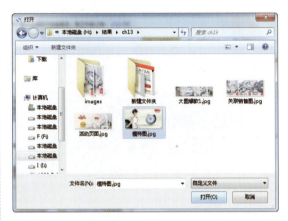

❻ 选择要上传的图片，单击【确认】按钮，如下图所示。

❼ 将图片上传到【电脑端描述】窗口中，如下图所示。

❽ 在【手机端描述】区域中单击【导入电脑端描述】按钮，在弹出的菜单选项中单击【确认生成】按钮，如下图所示。

❾ 可看到在手机端生成的效果。然后单击【发布】按钮，如下图所示。

提示：电脑端详情页中的视频无法在手机端显示。

❿ 在【宝贝详情】页面中看到制作的图片，如下图所示。

在做详情页中的模特图时，可以多制作几张模特图，尤其是服装类的，需要多张模特图，建议放3～4张模特图。

13.2 产品说服力靠图"说话"——产品图

根据简约、清爽的设计标准，通过一些简单的素材，制作详情页中的产品图。

1.创建合适的画布,并通过选区创建"餐具图"

❶ 打开Photoshop CC 2018软件,单击【新建】按钮,弹出【新建文档】对话框,将【宽度】设置为"750像素",【高度】设置为"550像素",【分辨率】设置为"72像素/英寸",然后单击【创建】按钮,如下图所示。

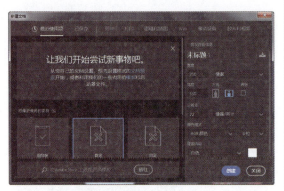

❷ 选择【文件】→【打开】选项,打开"素材\ch13\餐具.jpg"文件,使用【快速选择工具】,创建如下图所示的选区。

❸ 选择【选择】→【反选】选项,反选选区,效果如下图所示。

❹ 单击【快速选择工具】选项栏中的【选择并遮住】按钮,如下图所示。

❺ 在弹出的【属性】面板中,进行如下图所示的设置,设置完成后,单击【确定】按钮。

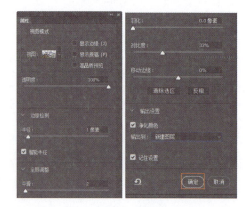

❻ 在【图层】面板中,右击【背景 拷贝】图层,在弹出的快捷菜单中选择【复制图层】选项,如下图所示。

❼ 弹出【复制图层】对话框，在【目标】选项组中选择【文档】为【未标题-1】文档。单击【确定】按钮，如下图所示。

❽ 选择【未标题-1】文档，使用【放大工具】，按住【Alt】键，将图形缩小，然后按【Ctrl+T】组合键进行自由变换，按住【Shift】键调整图片大小，并将其移动至合适的位置，如下图所示。

❾ 使用【裁剪工具】，按住鼠标左键向下拖曳，将更多的画面显示出来，如下图所示。

❿ 效果如下图所示。

2.为背景添加渐变效果

❶ 选择【背景】图层，在工具栏中单击【渐变工具】按钮，在其选项栏中选择【径向渐变】按钮，并选中【反向】复选框，单击【点按可编辑渐变】按钮，如下图所示。

❷ 弹出【渐变编辑器】对话框，双击浅色的【色标】按钮，如下图所示。

❸ 弹出【拾色器（色标颜色）】对话框，选择合适的颜色，设置为"R:141，G:144，B:164"，单击【确定】按钮，如下图所示。

❹ 返回【渐变编辑器】对话框，使用同样的方法，双击深色的【色标】按钮，设置颜色为"R:84，G:88，B:122"，单击【确定】按钮，如下图所示。

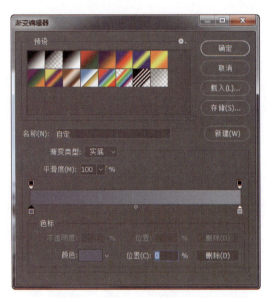

❺ 在绘图窗口中进行拖曳即可为背景添加渐变效果，如下图所示。

3. 调整桌面的色相/饱和度

❶ 选择【背景 拷贝】图层，在【图层】面板中单击【创建新的填充或调整图层】按钮，在弹出的快捷菜单中选择【色相/饱和度】选项，如下图所示。

❷ 创建一个【色相/饱和度1】图层，并弹出【属性】面板，为了确保背景不被调整，可以创建一个剪贴蒙版。右击【色相/饱和度1】图层，在弹出的快捷菜单中选择【创建剪贴蒙版】选项，如下图所示。

4.添加产品主题文字

❶ 使用【横排文字工具】，在其选项栏中设置字体为"方正正中黑简体"，字号为"36点"，字体颜色为"白色"，如下图所示。

❷ 在背景图上方单击，输入文字"盛世青花 匠心独具"，效果如下图所示。

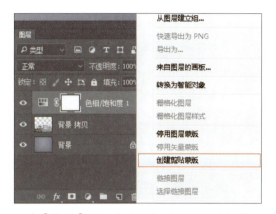

❸ 在【属性】面板中进行如下图所示的调整。

❹ 调整后的效果如下图所示。

❸ 选择【视图】→【新建参考线】选项，如下图所示。

❹ 弹出【新建参考线】对话框,选择【垂直】选项,在【位置】文本框中输入"50%",单击【确定】按钮,如下图所示。

❺ 根据蓝色的参考线,调整"盛世青花 匠心独具"文本的位置,使其位于中间,如下图所示。

❻ 使用【椭圆工具】 ,按住【Shift】键,在"盛世青花 匠心独具"文本中间绘制一个小圆,并将【填充色】改为"白色",如下图所示。

❼ 使用【移动工具】 ,在【图层】面板中按住【Shift】键,同时选中【椭圆1】和【盛世青花 匠心独具】图层,在【移动工具】选项栏中单击【水平居中对齐】按钮 。然后根据参考线,调整文本位置,使其在水平方向上位于正中,如下图所示。

❽ 在【图层】面板中单击【链接图层】按钮 ,可将【椭圆1】图层和【盛世青花 匠心独具】图层链接到一起,如下图所示。

❾ 使用【横排文字工具】 ,按住鼠标左键拖曳,在合适的位置绘制一个文本框,如下图所示。

❿ 打开"素材\ch13\青花瓷文案.rtf"文件,选中所有的内容,按【Ctrl+C】组合键复制

文本，按【Ctrl+V】组合键将文字粘贴进来，按【Ctrl+A】组合键全选文字，将字号调整为"14点"，并单击【居中对齐文本】按钮，最后，适当调整所有的文本位置，效果如下图所示。

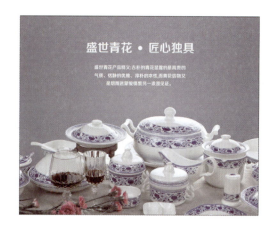

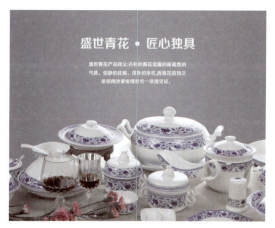

5.添加LOGO并存储文件

❶ 选择【文件】→【置入嵌入对象】选项，弹出【置入嵌入的对象】对话框，选择"素材\ch13\一道菜.png"文件，单击【置入】按钮，如下图所示。

❷ 按住【Shift】键，调整图片大小，并将其移动至合适的位置，最终效果如下图所示。

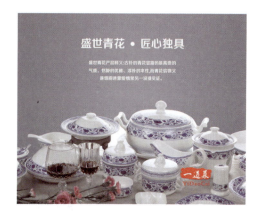

⓫ 选择【视图】→【显示】→【画布参考线】选项，如下图所示。

⓬ 将参考线隐藏，最终效果如下图所示。

❸ 选择【文件】→【导出】→【存储为Web所用格式】选项，如下图所示。

❹ 弹出【存储为Web所用格式】对话框，选择"JPEG"格式，将【品质】设置为"60"，此时可以看到文件的大小为"84.38K"，单击【存储】按钮，如下图所示。

❺ 弹出【将优化结果存储为】对话框，选择文件要保存的位置，在【文件名】文本框中输入"成品.jpg"，然后单击【保存】按钮，如下图所示。

6.将图片添加至详情页中

❶ 登录淘宝，进入【卖家中心】，在左侧列表中单击【宝贝管理】区域中的【出售中的宝贝】按钮。选择要编辑的宝贝，单击【编辑宝贝】按钮，如下图所示。

❷ 在【电脑端描述】窗口中，将鼠标指针放置在窗口中内容最后的位置，然后按【Enter】键另起一行，单击【插入图片】按钮，如下图所示。

❸ 弹出【图片空间】对话框,单击【上传图片】按钮,如下图所示。

❹ 在弹出的界面中单击【上传】按钮,如下图所示。

❺ 弹出【打开】对话框,选择要上传的图片,单击【打开】按钮,如下图所示。

❻ 选择要上传的图片,单击【确认】按钮,如下图所示。

❼ 将图片上传到【电脑端描述】窗口中,如下图所示。

❽ 在【手机端描述】区域中单击【导入电脑端描述】链接,在弹出的菜单选项中单击【确认生成】按钮,如下图所示。

❾ 可看到在手机端生成的效果。然后单击【发布】按钮，如下图所示。

❿ 可在【宝贝详情】页面中看到制作的图片，如下图所示。

13.3 360° 完美展示——细节图

本节主要介绍详情页中细节图的设计，在制作时要注意其整体风格要与店铺的整体风格一致，添加一些中国风的元素以及淡色的背景。

1.创建合适的画布，并设置背景

❶ 打开Photoshop CC 2018软件，单击【新建】按钮，弹出【新建文档】对话框，设置【宽度】为"750像素"，【高度】为"1000像素"，【分辨率】为"72像素/英寸"，【背景内容】为"透明"，单击【创建】按钮，如下图所示。

❷ 在工具栏中单击【前景色】按钮，弹出【拾色器（前景色）】对话框，颜色设置为"R:226, G:226, B:226"，单击【确定】按钮，如下图所示。

❸ 选择【编辑】→【填充】选项，如下图所示。

❹ 弹出【填充】对话框，将【内容】设置为"前景色"，单击【确定】按钮，如下图所示。

❺ 完成背景的填充，在【图层】面板中将【图层1】命名为"背景色"，并将该图层锁定，如下图所示。

❻ 选择【文件】→【置入嵌入对象】选项，弹出【置入嵌入的对象】对话框，选择随书学习资源中的"素材\ch13\古典素材.jpg"文件，单击【置入】按钮，如下图所示。

❼ 将图片移动到画布的最上方，然后使用【矩形选框工具】框选素材最上方的花纹图案，如下图所示。

❽ 单击【图层】面板中的【添加图层蒙版】按钮，将多余的部分删除，如下图所示。

❾ 设置该图层的【混合模式】为【正片叠底】，将花纹中的白色底纹删除，使其与背景更加贴合，调整【不透明度】为"10%"，效果如下图所示。

⑩ 使用【移动工具】，选择上步设置的花纹图案，按住【Alt】键，向下拖曳，至画布底边合适的位置处，可将上方的花纹图案复制到下方，效果如下图所示。

⑪ 打开"素材\ch13\一道菜.png"文件，按【Alt+Shift】组合键，使图像围绕中心点进行等比缩放，然后将其移动至合适的位置，效果如下图所示。

⑫ 在【图层】面板中选择除【背景色】图层之外的其他三个图层，然后选择【图层】→【图层编组】选项，如下图所示。

⑬ 并将图层组命名为"背景"，如下图所示。

2.添加产品细节模块

❶ 在工具栏中单击【椭圆工具】按钮◯，按住【Shift】键，在合适的位置绘制一个圆，并选择区别于背景色的任意填充色，如下图所示。

❷ 接下来绘制一条直线，使用【直线工具】，按住【Shift】键，在合适的位置绘制一条水平直线，取消线条的填充色，并加上黑色的描边，如下图所示。

❸ 使用【横排文字工具】，在其选项栏中设置字体为"微软雅黑"，字号为"20点"，清除锯齿的方法为"浑厚"，字体颜色为"黑色"，如下图所示。

❹ 在直线的上方单击，并输入"别致典雅"。

继续使用【横排文字工具】，在直线的下方绘制一个文本框，如下图所示。

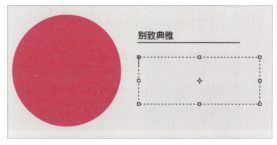

❺ 打开"素材\ch13\文案.txt"文件，选择第一段文字进行复制，将复制的内容粘贴至文本框中，并将文字大小调整为"14点"，适当调整文本框，效果如下图所示。

❻ 选择圆所在的图层，即【椭圆1】图层，然后选择【文件】→【置入嵌入对象】选项，弹出【置入嵌入的对象】对话框，选择"素材\ch13\餐具.jpg"文件，单击【置入】按钮，如下图所示。

❼ 调整图片大小,并将其移动至合适的位置,然后在【图层】面板中选择【餐具】图层并右击,在弹出的快捷菜单中选择【创建剪贴蒙版】选项,如下图所示。

❽ 调整图片大小及位置,效果如下图所示。

❾ 在图层面板中选择【椭圆1】图层,按住【Shift】键同时选中【青花瓷】【别致典雅】【形状1】【餐具】四个图层,选择【图层】→【图层编组】选项,并将组命名为"别致典雅",如下图所示。

提示:若创建的【别致典雅】组位于【背景】组内,可以按住鼠标左键,将其拖曳出来。

3.使用复制的方法快速制作其他产品细节模块

❶ 使用【移动工具】,选择【自动选择】,在其后的下拉列表中选择【组】选项,如下图所示。

❷ 在绘图窗口中单击上步绘制的产品细节图,可自动选择该图所在的组,即【别致典雅】图层组,然后按【Alt+Ctrl】组合键,向下拖曳,复制出两个细节图,如下图所示。

❸ 在【图层】面板中,将【别致典雅 拷贝】图层组命名为"独具匠心",将【别致典雅 拷贝2】图层组命名为"古色古香",然后按住【Shift】键,同时选择这三个图层组,如下图所示。

❹ 使用【移动工具】，同时将这三个细节图向上移动，然后单击【移动工具】选项栏中的【垂直居中分布】按钮，效果如下图所示。

❺ 接下来，修改复制的两个细节图中的文字，并调整图片中显示的内容，在修改之前，先将【自动选择】改为【图层】，修改后的效果如下图所示。

❻ 调整【独具匠心】组的文字和图片的位置，同时选中【独具匠心】图层组的【椭圆1】和【餐具】图层，然后使用【移动工具】，将图片移至文字的右侧，如下图所示。

❼ 取消选择【自动选择】，在【图层】面板中选择【匠心独具】图层组，在绘图窗口中，将【独具匠心】组向左移动，最终效果如下图所示。

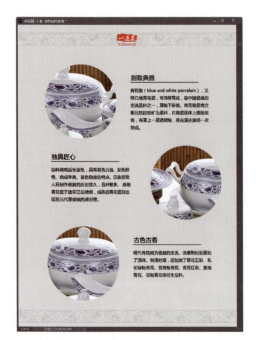

❽ 最后将文件存储为"JPEG"格式，并将文件命名为"细节图"，单击【保存】按钮，如下图所示。

4.将图片上传至详情页中

❶ 登录淘宝网，进入【卖家中心】，在左侧列表中单击【宝贝管理】区域中的【出售中的宝贝】按钮。选择要编辑的宝贝，单击【编辑宝贝】按钮，如下图所示。

❷ 在【电脑端描述】窗口中，将鼠标指针放置在窗口中内容最后的位置，然后按【Enter】键另起一行，单击【插入图片】按钮，如下图所示。

❸ 弹出【图片空间】对话框，单击【上传图片】按钮，如下图所示。

❹ 在弹出的界面中单击【上传】按钮，如下图所示。

❺ 弹出【打开】对话框，选择要上传的图片，单击【打开】按钮，如下图所示。

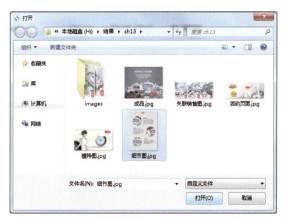

❻ 选择要上传的图片，单击【确认】按钮，如下图所示。

❼ 将图片上传到【电脑端描述】窗口中，如下图所示。

❽ 在【手机端描述】区域中单击【导入电脑端描述】按钮，在弹出的菜单选项中单击【确认生成】按钮，如下图所示。

❾ 可看到在手机端生成的效果。然后单击【发布】按钮，如下图所示。

⑩ 可在【宝贝详情】页面中看到制作的图片，如下图所示。

13.4 对买家要贴心一点——尺码图

本节主要介绍详情页中尺码图的制作方法。有关产品尺码的描述是详情页中必不可少的一部分，一般情况下，尺寸标记图是两行两列的结构。

在本案例中使用1行3列的结构排列，即一个主图，下面是三个小图。可以将店铺中销量较高的产品图放在上方较大的主图区域中，其他产品图可以依次排列放在其下方，如下图所示。

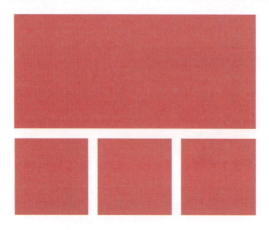

1.制作尺码图

① 打开Photoshop CC 2018软件，单击【新建】按钮，弹出【新建文档】对话框，设置【宽度】为"750像素"，【高度】为"600像素"，【分辨率】为"72像素/英寸"，【背景内容】为"白色"，单击【创建】按钮，如下图所示。

② 打开"素材\ch13\dish_1.jpg、dish_2.jpg、dish_3.jpg、dish_4.jpg"，按【Enter】键置入文件。在【图层】面板中将【dish_1】【dish_3】【dish_4】图层关闭，并将【dish_2】图层移至最上方。在绘图窗口中调整"dish_2"的位置，如下图所示。

③ 在【图层】面板中选择【dish_2】图层，单击【添加图层蒙版】按钮，在工具栏中单击【画笔工具】按钮，并将【前景色】设置为"黑色"，调整画笔的大小和不透明度，如下图所示。

④ 使用【画笔工具】，将"dish_2"盘子周围的背景色去除，效果如下图所示。

⑤ 使用【直线工具】，以盘子的直径，按住【Shift】键绘制一条直线，在【直线工具】选项栏中将【填充】取消，将【描边】设置为"黑色""3点"，如下图所示。

⑥ 使用选择【移动工具】，将直线移动至合适的位置，效果如下图所示。

❼ 接下来，为直线添加箭头，使用【多边形工具】，在绘图窗口中单击，弹出【创建多边形】对话框，设置【宽度】为"10像素"，【高度】为"10像素"，【边数】为"3"，单击【确定】按钮，如下图所示。

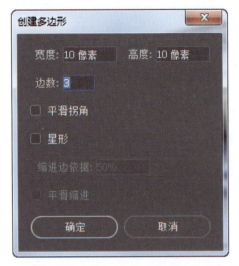

❽ 创建一个实心箭头，使用【移动工具】，将其移动到直线的右端，效果如下图所示。

❾ 然后按住【Alt】键，将右端的箭头复制到直线的左端，如下图所示。

❿ 选择【编辑】→【变换】→【水平翻转】选项，如下图所示。

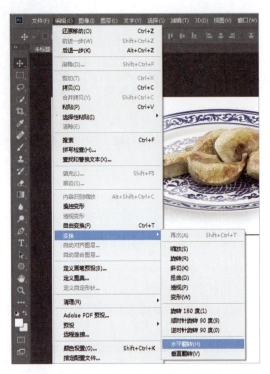

⓫ 调整直线左端箭头的方向，效果如下图所示。

⓬ 添加参数，使用【横排文字工具】，在直线上方单击，并输入"25厘米"，将字号调整为"18点"，字体颜色为"黑色"，并将其移动至直线的中间位置，效果如下图所示。

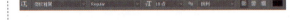

⑬ 使用同样的方法，添加盘子深度的尺寸标记，效果如下图所示。

⑭ 在【图层】面板中选择标记直线、数据所在的图层，选择【图层】→【图层编组】选项，将其放置在一个组中，并将组命名为"数据"，如下图所示。

⑮ 在【图层】面板中将【dish_1】【dish_3】【dish_4】图层打开，使其图像在绘图窗口中显示出来，然后选择【编辑】→【自由变换】选项，如下图所示。

⑯ 按【Alt+shift】组合键，调整图片大小，并将其移动至合适的位置，如下图所示。

⓱ 使用同样的方法去除图片中的背景色，并为其添加尺寸标记，最终效果如下图所示。

2.将图片添加至详情页中

❶ 登录淘宝，进入【卖家中心】，在左侧列表中单击【宝贝管理】区域中的【出售中的宝贝】按钮。选择要编辑的宝贝，单击【编辑宝贝】按钮，如下图所示。

❷ 在【电脑端描述】窗口中，将鼠标指针放置在窗口中内容最后的位置，然后按

【Enter】键另起一行，单击【插入图片】按钮，如下图所示。

❸ 弹出【图片空间】对话框，单击【上传图片】按钮，如下图所示。

❹ 在弹出的界面中单击【上传】按钮，如下图所示。

❺ 弹出【打开】对话框，选择要上传的图片，单击【打开】按钮，如下图所示。

❻ 选择要上传的图片，单击【确认】按钮，如下图所示。

❼ 将图片上传到【电脑端描述】窗口中，如下图所示。

❽ 在【手机端描述】区域中单击【导入电脑端描述】按钮，在弹出的菜单选项中单击【确认生成】按钮，如下图所示。

❾ 可看到在手机端生成的效果，然后单击【发布】按钮，如下图所示。

❿ 可在【宝贝详情】页面中看到制作的图片，如下图所示。

13.5 搭配点餐后的"水果"——关联销售

本节介绍详情页中相关推荐的制作，那为什么要在详情页中加上相关推荐呢？如果某个产品卖得非常好，销量特别高，那么该产品详情页的浏览量就会特别高，此时在该详情页中加上一些其他产品或组合的链接，就可以附带增加其他产品的销售量，这就是制作相关推荐的目的。

1.新建空白文档，并置入图片

❶ 打开Photoshop CC 2018软件，单击【新建】按钮，弹出【新建文档】对话框，设置【宽度】为"750像素"，【高度】为"400像素"，【分辨率】为"72像素/英寸"，【背景内容】为"透明"，单击【创建】按钮，如下图所示。

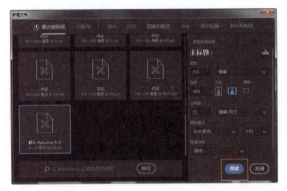

❷ 选择【文件】→【置入嵌入对象】选项，弹出【置入嵌入的对象】对话框，分别选择随书学习资源中的"素材\ch13\组合1.jpg和组合2.jpg"文件，单击【置入】按钮，如下图所示。

2.调整和编辑图片

❶ 在【图层】面板中按住【shift】键同时选中【组合1】和【组合2】图层，然后选择【编辑】→【自由变换】选项，如下图所示。

❷ 按【Alt+Shift】组合键可同时等比例调整"组合1"和"组合2"图片，根据需要调整图片的大小和位置，效果如下图所示。

❸ 在工具栏中单击【前景色】按钮，在弹出的【拾色器（前景色）】对话框中，设置前景色的RGB颜色为"R=245，G=20，B=50"，单击【确定】按钮，如下图所示。

❹ 使用【矩形工具】，在【组合1】图层上绘制一个矩形，效果如下图所示。

❺ 使用【横排文字工具】，在其选项栏中设置字体为"黑体"，大小为"24点"，颜色为"白色"，如下图所示。

❻ 在画布中单击，即可输入文字，这里输入"更多推荐 >>"，并将其移动至合适的位置。然后在【图层】面板中选择【矩形1】图层，调整该图层的【不透明度】为"86%"，如下图所示。

❼ 在【图层】面板中选择【矩形1】和【更多推荐>>】图层，在【选择工具】选项栏中单击【水平居中对齐】按钮，效果如下图所示。

❽ 然后按住【Alt】键,将【矩形1】和【更多推荐>>】图层复制到另一个图形上,并适当调整其位置和大小,效果如下图所示。

3.为图片做切片并保存

❶ 在工具栏中单击【切片工具】按钮,将图片切分为两个切片,效果如下图所示。

❷ 选择【文件】→【导出】→【存储为Web所用格式】选项,如下图所示。

❸ 弹出【存储为Web所用格式】对话框,单击【存储】按钮,如下图所示。

❹ 弹出【将优化结果存储为】对话框,选择文件要保存的位置,在【文件名】文本框中输入"切片.jpg",设置【格式】为"仅限图像",【切片】为"所有切片",然后单击【保存】按钮,如下图所示。

4.将图片上传至宝贝详情页中

❶ 登录淘宝,进入【卖家中心】界面,在左侧列表中单击【宝贝管理】区域中的【出售中的宝贝】按钮。选择要编辑的宝贝,单击【编辑宝贝】按钮,如下图所示。

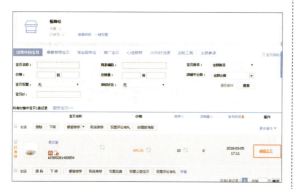

❷ 在【电脑端描述】窗口中,将鼠标指针放置在窗口中内容最后的位置,然后按【Enter】键另起一行,单击【插入图片】按钮,如下图所示。

❸ 弹出【图片空间】对话框,单击【上传图片】按钮,如下图所示。

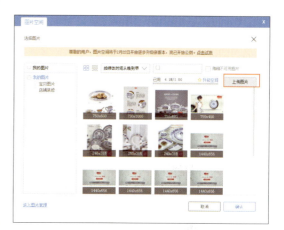

❹ 在弹出的界面中单击【上传】按钮,如下图所示。

❺ 弹出【打开】对话框，选择要上传的图片，单击【打开】按钮，如下图所示。

❻ 依次选择要上传的图片，单击【确认】按钮，如下图所示。

❼ 将图片上传到【电脑端描述】窗口中，如下图所示。

5.为图片添加链接

❶ 双击要添加链接的图片，弹出【编辑图片】对话框，将对应的产品地址粘贴到【链接网址】后的文本框中，单击【确定】按钮，如下图所示。

❷ 使用同样的方法为另一张图片添加相应的产品链接，添加完成后单击【发布】按钮，如下图所示。

❸ 可在【宝贝详情】页面中看到添加的图片，单击图片，进入相应的产品链接，如下图所示。

掌柜推荐又出新花样——心选

本节介绍一种新功能——心选，在某些商品详情页的顶端会有一个"掌柜推荐"模块，心选的产品一般都会展示在这里。

❶ 首先进入【卖家中心】界面，在左侧的【营销中心】区域中单击【店铺营销工具】按钮，如下图所示。

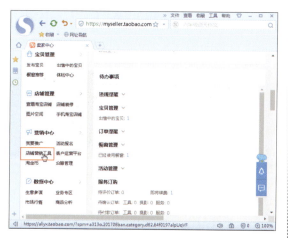

❷ 在弹出的页面中单击【优惠促销】右侧的【显示全部】按钮，如下图所示。

❸ 在弹出的页面中选择【心选】按钮，如下图所示。

❹ 进入【心选】页面，单击右侧的【新建计划】按钮，如下图所示。

❺ 进入【新建电脑版计划】页面，在【计划名称】文本框中输入"个性化推荐"，单击【展示渠道】区域中的【选择主商品】按钮，如下图所示。

1. 设置"精品"样式

❶ 在【推荐内容】的【样式】选项组中选中【精品】复选框，然后单击【设置】按钮，如下图所示。

❻ 弹出【重新选择展示区域】对话框，选择要展示的商品，单击【确定】按钮，如下图所示。

❷ 弹出【参数设置】对话框，在这里可以看到推荐的图片尺寸为"1110×270px"，如下图所示。

　　在【推荐内容】的【样式】选项组中列有三种样式，分别是相册、精品、热图。默认的样式是相册。对于默认的样式在这里就不具体介绍了，接下来主要介绍"精品"样式和"热图"样式。

❸ 接下来使用Photoshop CC 2018软件打开"素材\ch13\大图爆款1.tif"文件，使用【裁剪工具】 ，在其选项栏中选择【宽×高×分辨率】选项，在第一个文本框中输入"1110像素"，在第二个文本框中输入"270像素"，如下图所示。

❹ 然后将需要保留的部分裁剪下来，单击【提交当前裁剪操作】按钮即可完成裁剪，如下图所示。

❺ 选择【文件】→【导出】→【存储为Web所用格式】选项，在弹出的【存储为Web所用格式】对话框中，选择"JPEG"格式，【品质】为"100"，单击【存储】按钮，如下图所示。

❻ 在弹出的【将优化结果存储为】对话框中，选择文件要保存的位置，单击【保存】按钮，如下图所示。

❼ 返回【心选】界面，在【推荐内容】区域中单击【设置】按钮，弹出【参数设置】对话框，单击【上传自定义图】按钮，如下图所示。

❽ 弹出【打开】对话框，选择要上传的图片，单击【打开】按钮，如下图所示。

❾ 弹出【上传成功】提示框，单击【确定】按钮，如下图所示。

❿ 返回【参数设置】对话框，在【样式】下拉列表中选择【一大两小图】选项，单击【确定】按钮，如下图所示。

⑪ 此时可看到添加的背景图效果，以及设置的"一大两小图"的样式，然后在要编辑的大图上单击，如下图所示。

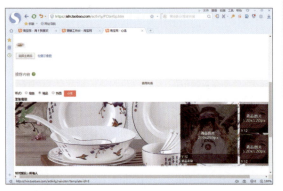

⑫ 弹出【编辑商品】对话框，复制要推荐的商品的链接，并将其粘贴至【商品链接】后的文本框中，单击【获取信息】按钮，然后单击【确定】按钮，如下图所示。

⑬ 将该商品添加到推荐内容中，效果如下图所示。

⑭ 使用同样的方法编辑其他商品，效果如下图所示。这里为了方便，使用同一个商品链接，所以展示的商品图片是一样的。设置完成后单击【发布】按钮。

⑮ 进入【商品】界面，即可看到制作的"掌柜推荐"模块的效果。单击图片，打开相应的产品链接，如下图所示。

2. 设置"热图"样式

① 返回【心选】界面，然后单击【个性化推荐】右侧的【编辑】按钮，如下图所示。

❷ 进入【编辑电脑版计划】界面,在【推荐内容】的【样式】选项区域中选中【热图】单选按钮,单击【设置】按钮,如下图所示。

❸ 弹出【参数设置】对话框,单击【上传自定义图】按钮,如下图所示。

❹ 弹出【打开】对话框,选择要上传的图片,单击【打开】按钮,如下图所示。

❺ 弹出【上传成功】提示框,单击【确定】按钮,如下图所示。

❻ 返回【参数设置】对话框,将【热区样式】设置为"购物车",单击【确定】按钮,如下图所示。

❼ 在上传的背景图的合适位置处按住鼠标左键并拖曳,即可绘制一个"购物车"图案,效果如下图所示。

❽ 双击"购物车"图案,弹出【编辑商品】对话框,复制要推荐的商品的链接,并将其粘贴到【商品链接】后的文本框中,单击【获取信息】按钮,然后单击【确定】按钮,如下图所示。

❾ 使用同样的方法添加其他要推荐的商品链接，添加完成后单击【发布】按钮，如下图所示。

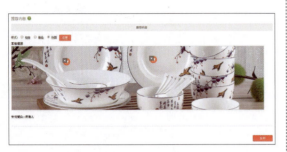

❿ 进入【商品】界面，可看到制作的"掌柜推荐"模块的效果。单击"购物车"图标可打开相应的产品链接，如下图所示。

第14章 详情页营销模块设计

本章主要介绍详情页营销模块的设计方法，营销模块的作用主要是与客户交流，从而达到留住并积累客户的目的。在该模块中可以放置店铺收藏链接、客服中心、店铺优惠券及微海报等内容。

14.1 自定义店铺收藏

本节主要介绍店铺收藏，店铺收藏的素材图片可以在"千图网"中搜索，进入"千图网"首页，然后在搜索栏中输入"店铺收藏"，单击【搜索】按钮，如下图所示。

清楚了素材图片的来源，还需要知道在做设计时规定的图像大小。那么规定的图像大小是多少，又是在哪里查看的呢？

1.根据要求修改图像大小

❶ 首先进入【卖家中心】界面，在左侧的【店铺管理】区域中单击【店铺装修】按钮，如下图所示。

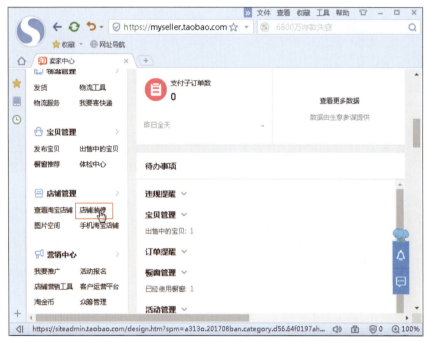

❷ 进入【淘宝旺铺】界面，在左侧列表中单击【模板】按钮，如下图所示。

❸ 在弹出的界面中单击【返回装修】按钮，如下图所示。

❹ 返回【淘宝旺铺】页面，单击【布局管理】按钮，如下图所示。

❺ 单击【添加布局单元】按钮，弹出【布局管理】对话框，可以看到左侧的模块尺寸为"190"，如下图所示。

所以在做制作图片时，要把图像的大小限定为"190"。接下来修改图片尺寸。

❻ 打开Photoshop CC 2018软件，单击【打开】按钮，如下图所示。

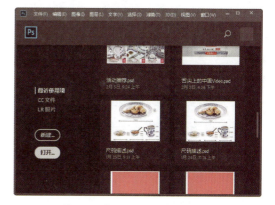

❼ 弹出【打开】对话框，选择要打开的图片，单击【打开】按钮，如下图所示。

❽ 选择【图像】→【图像大小】选项，如下图所示。

❾ 弹出【图像大小】对话框，选中【重新采样】复选框，设置【宽度】为"190像素"，然后单击【确定】按钮，如下图所示。

❿ 选择【文件】→【存储为】选项，弹出【另存为】对话框，选择文件要保存的位置，单击【保存】按钮，如下图所示。

2.设置模块布局

❶ 返回【淘宝旺铺】界面，单击【首页】下拉按钮，在弹出的下拉列表中单击【宝贝详情页】下方的【默认宝贝详情页】按钮，如下图所示。

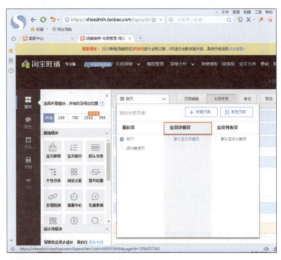

❷ 将【宝贝排行】【店铺活动】【宝贝推荐】等模块删除，如下图所示。

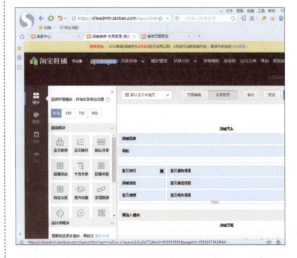

❸ 然后在左侧列表中选中"190"的尺寸，在【基础模块】区域中选择【宝贝搜索】模块，按住鼠标左键，将其拖曳到右侧区域中，如右图所示。

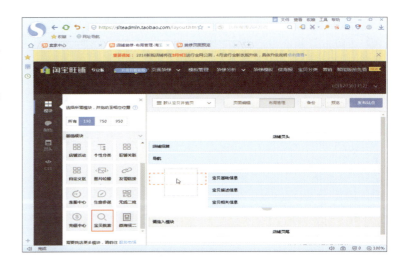

❹ 将【宝贝搜索】模块添加进来，单击右上角的【预览】按钮，如右图所示。

❺ 可看到添加的模块效果，如右图所示。

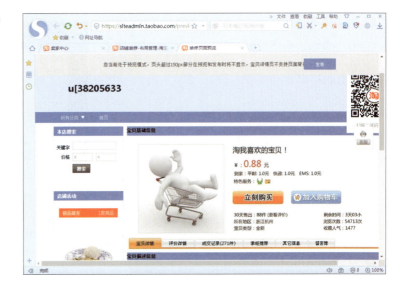

3.自定义店铺收藏

❶ 返回【卖家中心】界面,在左侧的【店铺管理】区域中单击【图片空间】按钮,如下图所示。

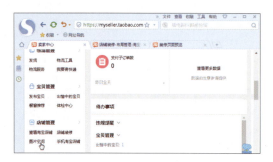

❷ 进入【图片空间】界面,单击【上传图片】按钮上传图片,如下图所示。

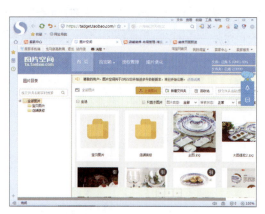

❸ 弹出【上传图片】对话框,单击【点击上传】按钮,如下图所示。

❹ 弹出【打开】对话框,选择要上传的图片,单击【打开】按钮,如下图所示。

❺ 将图片上传进来,如下图所示。

❻ 返回【淘宝旺铺】界面,单击【页面编辑】按钮,如下图所示。

❼ 在左侧区域中选中【190】的尺寸,在【基础模块】区域中选择【自定义区】模块,按住鼠标左键,将其拖曳到【本店搜索】模块下,然后将鼠标移动至【自定义内容

区】模块上，单击【编辑】按钮，如下图所示。

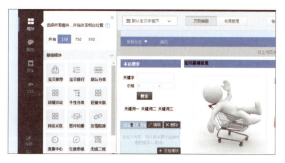

❽ 弹出【自定义内容区】对话框，在【显示标题】区域中选中【不显示】单选按钮，然后单击【插入图片空间图片】按钮，如下图所示。

❾ 在弹出的界面中选择要插入的图片，单击【插入】按钮，然后单击【完成】按钮，如下图所示。

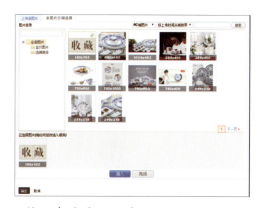

❿ 接下来需要给图片添加链接网址。返回【卖家中心】页面，在左侧的区域中单击【店铺管理】区域中的【查看淘宝店铺】按钮，如下图所示。

⓫ 进入店铺首页，在右上方右击【收藏店铺】按钮，在弹出的快捷菜单中选择【复制链接地址】选项，如下图所示。

⓬ 接着返回到【自定义内容区】对话框，双击要插入的图片，弹出【图片】对话框，将复制的链接粘贴到【链接网址】后的文本框中，然后单击【确定】按钮，如下图所示。

⑬ 返回【自定义内容区】对话框，单击【确定】按钮，如右图所示。

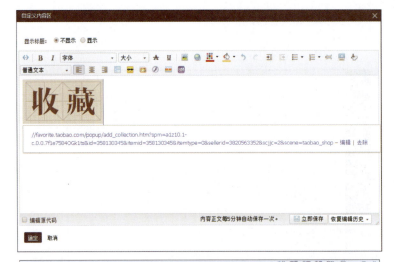

⑭ 然后返回【淘宝旺铺】界面，单击右上角的【预览】按钮，可看到添加的店铺收藏模块，在该模块上单击，可进入收藏店铺界面，如右图所示。

14.2 客服中心

本节主要介绍客服中心的制作方法，首先要解决素材图片问题，进入"千图网"首页，在搜索栏中输入"客服中心"，单击【搜索】按钮，在众多的素材图片中，选择合适的图片即可，但需要注意的是选择图片时，要选择长条状的，宽度为190像素的素材图片。

素材图片解决了之后，接下来就是编辑图片。

1.编辑图片

❶ 在Photoshop CC 2018软件中打开下载好的素材，如下图所示。可以根据需要对图片中的内容进行编辑。

❸ 选择【文件】→【导出】→【存储为Web所用格式】选项，如下图所示。

❷ 图片编辑完成之后，需要对图片进行切片处理。在工具栏中单击【切片工具】按钮，对图片进行切片处理，效果如下图所示。

❹ 弹出【存储为Web所用格式】对话框，选择"JPEG"格式，设置【品质】为"80"，然后单击【存储】按钮，如下图所示。

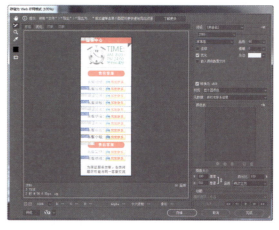

❺ 弹出【将优化结果存储为】对话框，选择文件要保存的位置，设置【格式】为"仅限图像"，【切片】为"所有切片"，单击【保存】按钮，如下图所示。

提示： 在进行切片时，隔一个做一个可快速完成切片。

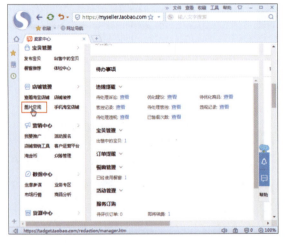

2.上传图片

❶ 进入【卖家中心】界面,选择【店铺管理】→【图片空间】选项,如下图所示。

❷ 进入【图片空间】界面,单击【上传图片】按钮,如下图所示。

❸ 弹出【上传图片】对话框,单击【点击上传】按钮,如下图所示。

❹ 选择要上传的图片,单击【打开】按钮,如下图所示。

❺ 将图片上传进来,如下图所示。

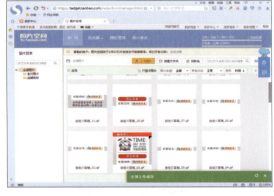

3.编辑宝贝详情页

❶ 进入【卖家中心】界面,选择【店铺管

理】→【店铺装修】选项。进入【淘宝旺铺】界面，单击【首页】下拉按钮，在弹出的下拉列表中单击【宝贝详情页】下的【默认宝贝详情页】按钮，如下图所示。

❷ 在左侧选中【190】的尺寸，然后在【基础模块】区域中选择【自定义区】模块，按住鼠标左键，将其拖曳到【收藏】模块的下方。并将鼠标移至【自定义内容区】模块上，单击【编辑】按钮，如下图所示。

❸ 弹出【自定义内容区】对话框，在【显示标题】选项区域中选中【不显示】单选按钮，然后单击【插入图片空间图片】按钮，如下图所示。

❹ 在弹出的界面中按顺序选择刚上传的图片，然后单击【插入】按钮，最后单击【完成】按钮，如下图所示。

❺ 返回【自定义内容区】对话框，单击【确定】按钮，如下图所示。

❻ 返回【淘宝旺铺】界面，单击【预览】按钮，可看到制作的【客服中心】模块，如下图所示。

14.3 客服链接

接着上节的内容继续操作,这节主要介绍如何为每个客服添加其对应的链接。

❶ 首先进入【卖家中心】界面,选择【店铺管理】区域中的【子账号管理】选项,如下图所示。

账号,超过3个,可以单击【购买与续费】按钮,这里选择基础版的新建3个子账号,单击【新建员工】按钮,如下图所示。

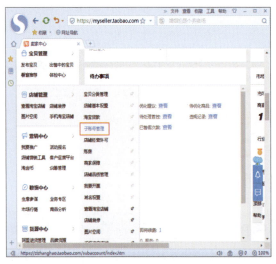

❷ 进入【子账号】界面,可以新建3个免费的

❸ 在进入的界面中输入新建员工的基本信息,输入完成后单击【确认新建】按钮,如下图所示。

第14章 详情页营销模块设计

❹ 完成一个子账号的设置。使用同样的方法再新建两个员工，如下图所示。

❺ 打开"素材\ch14\客服链接地址.txt"文件，复制文件中的网址，并在网页中打开该网址。将新建的员工账号名复制下来，如复制"龙马高新教育：小小"，粘贴到新打开的网页中的【旺旺号码】文本框中，如下图所示。

❻ 单击【生成网页代码】按钮，复制【旺旺超链地址】文本框中的链接，如下图所示。

❼ 进入【卖家中心】界面，选择【店铺管理】→【店铺装修】选项，进入【旺铺】界面，选择【宝贝详情页】→【默认宝贝详情页】选项，单击【页面编辑】按钮，在弹出的界面中将鼠标移至【服务中心】模块上，单击【编辑】按钮，如下图所示。

❽ 弹出【自定义内容区】对话框，双击要添加此链接的图片，弹出【图片】对话框，将复制的链接粘贴到【链接网址】后的文本框中，然后单击【确定】按钮。完成客服链接的添加，使用同样的方法为其他客服添加链接，如下图所示。

❾ 返回【自定义内容区】对话框，单击【确定】按钮，如下图所示。

❿ 返回【淘宝旺铺】界面，单击【预览】按钮，可看到制作的【客服中心】模块，单击客服图片，即可打开相应的客服链接，如下图所示。

14.4 子账号分流

流量和转化对淘宝卖家来说是非常重要的，一般情况下，转化率高的客服会多分配一些流量，而转化率低的客服会少分配一些流量。对于子账号的分流，可以在卖家中心的后台子账号中进行设置，同时也可以在千牛工作台中进行设置，本节介绍如何在千牛工作台中设置账号分流。

❶ 首先使用主账号登录千牛工作台，在【我的应用】区域中选择【旺旺分流】模块，如下图所示。

提示：若【我的应用】区域中没有【旺旺分流】模块，可以单击【更多应用】按钮，在弹出的界面中找到【旺旺分流】，然后单击【添加】按钮，将其添加到【我的应用】区域中，如下图所示。

❷ 进入【旺旺分流】界面，切换至【分组设

置】选项，在弹出的界面中单击【客服分组】按钮，如下图所示。

❸ 在弹出的界面中单击【添加客服】按钮，如下图所示。

❹ 弹出【客服分组-添加客服】对话框，选择要添加的客服，单击【确定】按钮，如下图所示。

❺ 返回【旺旺分流】界面，在【权重值】选项下，可以根据需求增加或减少相应客服的权重值，权重值修改完成后，单击【保存】按钮，如下图所示。

❻ 完成子账号的分流，如下图所示。

另外千牛工作台中的【团队管理】模块中还有许多功能，有兴趣的用户可以一一尝试，在这里就不再具体介绍了。

14.5 店铺优惠券

本节内容主要介绍在默认详情页中，店铺活动模块的制作方法。制作商品优惠券、店铺红包等在之前的章节中已经介绍过了，下面主要介绍在订购的服务中制作店铺活动的方法。

1.创建店铺优惠券链接

❶ 首先进入【卖家中心】界面，在左侧的【软件服务】区域中单击【我要订购】按钮，如下图所示。

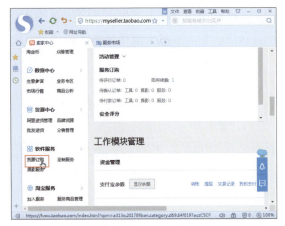

❷ 进入【服务市场】界面,在搜索框中输入"优惠券",单击【搜索】按钮。选择一种优惠券进行购买。这里选择第一种,如下图所示。

❸ 订购完成后,进入【卖家中心】界面,选择【我订购的应用】,在弹出的【已订购应用】列表中选择【营销推广】→【优惠券】选项,如下图所示。

❹ 在弹出的界面中单击【店铺优惠券】按钮,如下图所示。

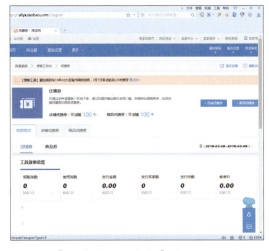

❺ 弹出【创建店铺优惠券】界面,根据提示,填写优惠券的基本信息。填写完成后单击【确认创建】按钮,如下图所示。

⑥ 完成优惠券的制作，单击【返回列表】按钮，如下图所示。

⑦ 返回【优惠券】界面，在优惠券列表中可看到刚才创建的"3元小菜"优惠券，单击后方的【链接】按钮，如下图所示。

⑧ 弹出【链接地址】对话框，单击【复制链接】按钮，如下图所示。

2.创建店铺优惠券

❶ 进入【卖家中心】界面，单击【店铺管理】区域中的【店铺装修】按钮。进入【淘宝旺铺】界面，在【首页】下拉列表

中选择【宝贝详情页】→【默认宝贝详情页】选项，如下图所示。

❷ 在左侧选中【190】的尺寸，然后在【基础模块】区域中选择【自定义区】模块，按住鼠标左键，将其拖曳至【客服中心】模块的下方，然后将鼠标移至【自定义内容区】模块上，单击【编辑】按钮，如下图所示。

❸ 弹出【自定义内容区】对话框，在【显示标题】选项组中选中【不显示】单选按钮，单击【插入图片空间图片】按钮，如下图所示。

❹ 在下方弹出的区域中选择【上传新图片】选项，然后单击【添加图片】按钮，如下图所示。

❺ 进入【图片空间】界面，弹出【上传图片】对话框，单击【点击上传】按钮，如下图所示。

❻ 弹出【打开】对话框，选择要上传的图片，单击【打开】按钮，如下图所示。

❼ 将图片上传至【图片空间】中，如下图所示。

❽ 返回【淘宝旺铺】界面，在【自定义内容区】上单击【编辑】按钮，弹出【自定义内容区】对话框，选中【不显示】单选按钮，单击【插入图片】按钮，在弹出的界面中选择【从图片空间选择】选项，可看到刚上传的图片，选择要插入的图片，单击【插入】按钮。然后单击【完成】按钮，如下图所示。

提示：若对图片中的内容不满意，可以先在PS中进行修改，再进行添加。

❾ 双击弹出【图片】对话框，在【宽度】文本框中输入"190"像素，将刚才复制的优惠券链接粘贴到【链接网址】后的文本框中，单击【确定】按钮，如下图所示。

⑪ 返回【淘宝旺铺】界面,单击【发布站点】按钮,弹出【发布】对话框,单击【确认发布】按钮,如下图所示。

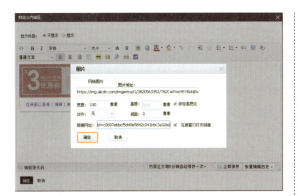

⑩ 返回【自定义内容区】对话框,单击【确定】按钮,如下图所示。

⑫ 弹出【发布成功】界面,显示已发布成功,如下图所示。

⑬ 然后进入【商品】界面,可看到制作的效果,如下图所示。

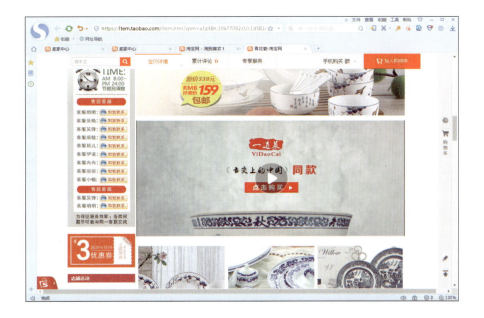

14.6 微海报

本节主要介绍微海报的应用,在【淘宝旺铺】界面中,可以看到新增加的微海报功能。微信有分享功能,设计好的微海报可以分享到朋友圈以增加店铺的流量值。下面就来介绍一下如何设计微海报。

❶ 首先进入【卖家中心】界面,选择【店铺管理】→【店铺装修】选项。进入【淘宝旺铺】界面,单击页面上方的【微海报】按钮,如右图所示。

❷ 进入【微海报】界面,单击页面右上角的【创建空白海报】按钮,如右图所示。

❸ 在弹出的界面中单击上方的【图片】按钮，如右图所示。

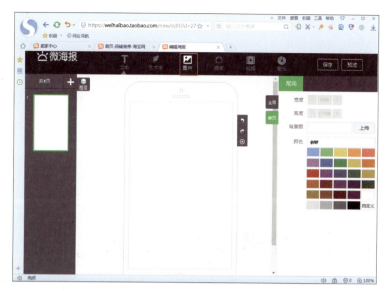

❹ 弹出【图片空间】对话框，选择合适的图片，单击【确认】按钮，如右图所示。

❺ 将图片插入进来，然后选中图片，将鼠标移至图片的四个角中的任意一个上，当鼠标变为形状时，按住鼠标左键拖曳，可调整图片大小，如右图所示。

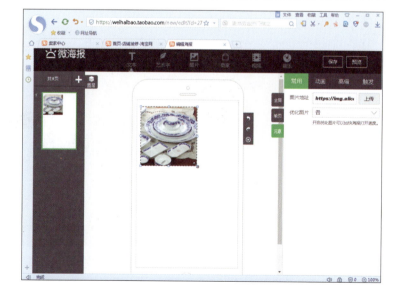

❻ 调整好之后，选中图片，在右侧区域中选择【触发】选项，选择【触发事件】为【点击】，【触发效果】为【跳转链接】，在【链接地址】文本框中粘贴商品的链接，这里选择复制"青花瓷"的产品链接，添加完成后，单击右上角的【保存】按钮，如下图所示。

❼ 单击【发布】按钮，生成一个微信二维码，如下图所示。

❽ 打开手机微信，并扫描这个二维码，即在手机上出现微海报界面，如下图所示。

❾ 在手机上单击这个图片，使用浏览器打开这个链接，即可看到链接的产品界面，如下图所示。

❿ 最后将其分享到朋友圈，为产品赚取更多的流量。

此时，产品的微海报就制作完成了，另外在制作微海报时，还可以使用【艺术字】【视频】【音乐】等功能来完善微海报，在这里就不做具体介绍了，读者可以自己去尝试一下这些有趣的功能。

第15章
淘宝手机端的视觉设计

本章介绍淘宝店铺手机端的装修，使用【淘宝旺铺】中【店铺装修】选项下的一些功能，可以快速且智能地帮助店家装修出更加完美的店铺，带给买家一场视觉盛宴。

如今，人们越来越依赖手机，利用手机随时随地就能逛淘宝，淘宝手机端店铺日益重要。

为什么店铺要装修？装修过的店铺好比化了妆的美女，各有千秋，你的店铺要是不"美"，如何引来粉丝并使之收藏店铺呢？如何提高下单转化率呢？本章实例效果如下图所示，主要包含以下模块的设计。

▲ 智能海报效果

▲ 智能单/双列模块效果

▲ 倒计时

▲ 标签图

▲ 美颜切图

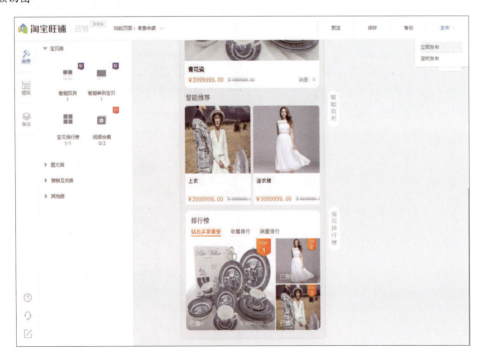

▲ 自定义页面

15.1 装修千人千面——1分钟装修店铺

本节介绍如何利用【淘宝旺铺】的【一键装修首页】功能来快速装修店铺。

❶ 首先进入【卖家中心】界面,在左侧的【店铺管理】区域中单击【店铺装修】按钮,如右图所示。

❷ 先将【淘宝旺铺】免费升级为智能版,选择【手机端】选项,然后单击【一键装修首页】按钮,如右图所示。

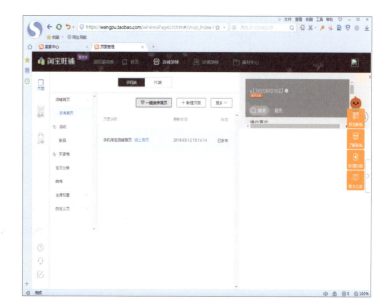

提示:一钻以下卖家可免费使用智能版。

❸ 弹出【选择模板】对话框,选择【官方模板】选项,选择合适的模板,如这里选择【时尚清新】模板,然后单击【确定】按钮,如右图所示。

❹ 系统可自动分析页面,并自动创建一个店铺首页,并且首页中的各个模块是可以编辑的,选中要编辑的模块,在右侧弹出可供编辑的选项,可以修饰图片、加文本内容等,如右图所示。

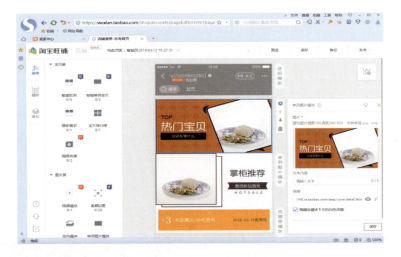

提示:在实际使用过程中,店铺首页的智能装修会根据店铺中的商品展现不同的效果。

❺ 店铺首页装修完成后,单击页面右上角的【保存】按钮,然后选择【发布】→【立即发布】选项,如右图所示。

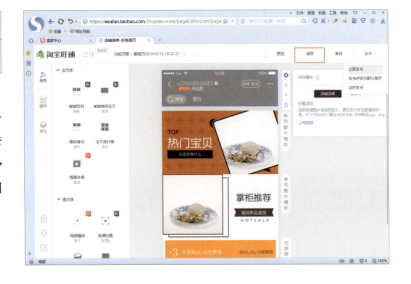

❻ 发布成功后返回【卖家中心】页面，选择【店铺管理】→【店铺装修】选项，在【手淘首页】列表中看到刚才创建的【智能页】，然后将鼠标移至【智能页】上，在弹出的下拉列表中单击【设为首页】按钮。将【智能页】设置为首页，如右图所示。

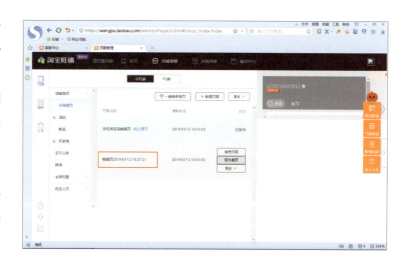

❼ 然后将鼠标移至右上角【更多】选项上，在弹出的下拉列表中选择【分流页面】选项，如右图所示。

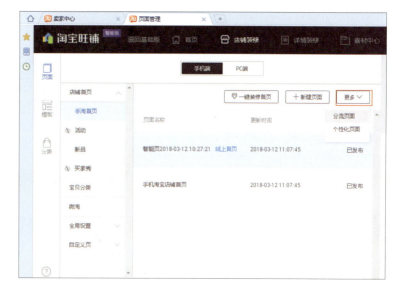

❽ 弹出【分流页面】对话框，【默认首页】为"智能页"，设置【分流首页】为"手机淘宝店铺首页"，然后拖动下方的滑块，将两端都设置为"50%"，设置完成后单击【确定】按钮，如右图所示。

❾ 分流设置完成后，将鼠标移至【智能页】上，选择【更多】→【查看详情】选项，如右图所示。

❿ 查看具体的分流情况，如右图所示。

15.2 只推荐给你最好的——智能海报

本节介绍"千人千面"功能中的第一个模块——"智能海报"模块。

❶ 首先进入【卖家中心】界面，选择【店铺管理】→【店铺装修】选项，进入【淘宝旺铺】界面，选择【手机端】选项，然后选择【智能页】→【装修页面】选项，如右图所示。

❷ 进入【店铺装修】界面，展开【图文类】列表，选择【智能海报】，然后按住鼠标将其拖曳至右侧页面中，如右图所示。

❸ 松开鼠标，完成添加【智能海报】模块，选中该模块，在右侧展开的【智能海报】区域中单击【自动获取图片上的宝贝链接】单选按钮，然后单击【本地上传】按钮，如右图所示。

提示：也可以选择【自选链接】，选择相应的宝贝链接，但这里不推荐使用这种方法。

❹ 弹出【图库列表】对话框，选择合适的宝贝分类及颜色，然后选择一种海报风格，单击【一键生成智能海报】按钮，如右图所示。

❺ 开始生成智能海报,如右图所示。

❻ 智能海报生成后,返回【店铺装修】页面,即可看到生成的海报,如右图所示。

这是系统根据用户选择的模板自动生成的智能海报,海报中的文字无法更改,下面来介绍另一种方法,用户可以自己设计海报中的文字。

❶ 将鼠标移至右侧的【智能海报】区域,然后单击【替换图片】按钮,如右图所示。

❷ 打开【图库列表】对话框，单击右上角的【添加图库】按钮，如右图所示。

❸ 进入【客户运营平台】页面，选择一种模板，单击【使用此模板】按钮，如右图所示。

❹ 在【编辑文案】文本框中依次输入"店铺装修""海报设计""时尚女装""最新款"，然后单击【预览文案】按钮，如右图所示。

❺ 单击【下一步】按钮，如右图所示。

❻ 进入【选择商品】界面，在左侧列表中选择【我的店铺商品】选项，在要选择的商品上单击，可将该商品导入商品池，如右图所示。

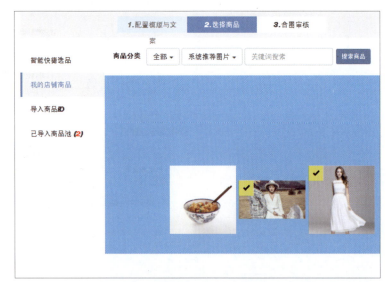

❼ 选择【已导入商品池】选项，可看到上步选择的商品，然后单击【生成素材】按钮，如右图所示。

⑧ 开始生成素材，素材生成后的效果如右图所示，然后单击【完成】按钮。

⑨ 弹出【创建成功】界面，然后单击【立即投放】按钮，如右图所示。

⑩ 进入【店铺装修】页面，将【当前页面】设置为【智能页】，选择手机页面中的【智能海报】模块，在右侧展开的【智能海报】区域中单击【本地上传】按钮，如右图所示。

⑪ 弹出【图库列表】对话框，可看到刚才设计的海报，单击【确定】按钮，如右图所示。

⑫ 返回【店铺装修】页面，在【智能海报】区域中单击【保存】按钮，完成智能海报的创建，如右图所示。

⑬ 选择【发布】→【立即发布】选项，如右图所示。

⑭ 弹出【发布页面】界面，单击【确定】按钮。完成手机端店铺首页页面的发布，如右图所示。

> 提示：打开手机上的淘宝客户端扫描【发布页面】中的二维码，可查看制作的首页效果。

15.3 熟知每一个用户的习惯——智能单/双列模块

本节介绍"智能单列宝贝"和"智能双列"模块的创建方法。

❶ 进入【店铺装修】页面，在左侧列表中展开【宝贝类】列表，选择【智能单列宝贝】模块，将其拖曳至手机页面中的合适位置，如下图所示。

❷ 根据需要在右侧展开的【智能单列宝贝】模块中进行设置,选择【智能模式】,将【展示数量】设置为"2",单击【分类商品库】单选按钮,并选择【连衣裙】类别,设置【选择展现方式】为【千人千面】,在【模块标题】文本框中输入"爆款推荐",然后单击其后的【链接】按钮,如右图所示。

❸ 弹出【链接小工具】对话框,选择【宝贝分类】选项下的【连衣裙】选项,然后单击【确定】按钮,如右图所示。

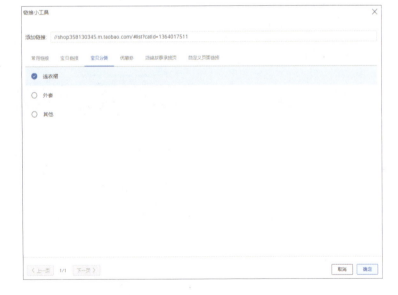

④ 在【智能单列宝贝】区域中单击【保存】
按钮，如下图所示。

⑤ 完成【智能单列宝贝】模块的创建，如下
图所示。

⑥ 使用同样的方法设置【智能双列】模块，
在展开的【智能双列】区域中可以根据需
要设置样式，设置完成后单击【保存】按
钮，如下图所示。

⑦ 完成【智能双列】模块的创建，效果如下
图所示。

❽ 最后单击页面右上角的【保存】按钮,然后选择【发布】→【立即发布】选项,如下图所示。

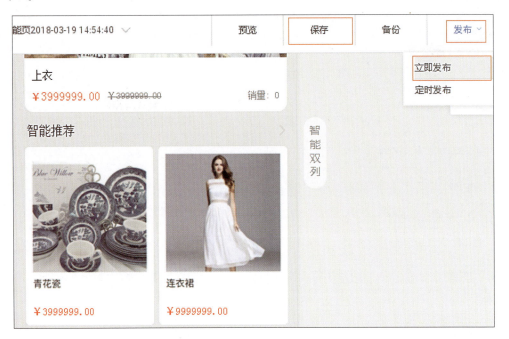

15.4 营造店内营销气氛——倒计时

本节介绍店铺营销氛围中的"倒计时"模块的创建方法。

❶ 首先在【卖家中心】页面选择【店铺管理】→【店铺装修】选项,进入【页面管理】页面,选择【智能页】→【装修页面】选项,如右图所示。

❷ 进入【店铺装修】页面，展开【营销互动类】选项，选择【倒计时模块】，并将其拖曳至右侧的页面中，如右图所示。

❸ 在右侧展开的【倒计时模块】区域中单击【本地上传】按钮，如右图所示。

❹ 弹出【选择图片】对话框，单击【上传图片】按钮，如右图所示。

❺ 单击【上传】按钮，如右图所示。

❻ 弹出【打开】对话框，选择要上传的图片，单击【打开】按钮，如右图所示。

❼ 上传成功后返回【选择图片】对话框，选中要上传的图片，单击【确认】按钮，如右图所示。

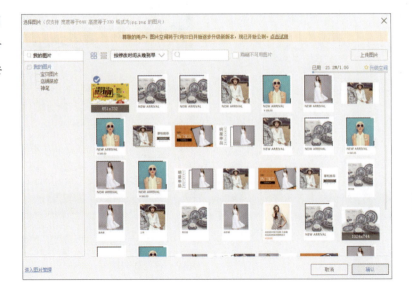

⑧ 根据需要裁剪图片，设定图片的【宽】为"640"，【高】为"330"。单击【保存】按钮，如右图所示。

⑨ 返回【店铺装修】页面，可看到添加的图片，在右侧展开的【倒计时模块】中单击【添加活动链接】文本框右侧的【链接】按钮 ⌘，如右图所示。

⑩ 弹出【链接小工具】对话框，这里选择【宝贝分类】选项下的【外套】选项，如右图所示。

⑪ 将链接添加到【添加活动链接】文本框中，设置【起始时间】和【结束时间】，完成后单击【保存】按钮，如下图所示。

⑫ 最后发布页面，完成【倒计时模块】的创建，如下图所示。

15.5 搭配效果更直观——标签图

本节主要介绍"标签图"模块的创建方法。

① 进入【卖家中心】页面，选择【店铺管理】→【店铺装修】选项，进入【页面管理】页面，选择【智能页】→【装修页面】选项，进入【店铺装修】页面，展开【图文类】列表，选择【标签图】模块，并将其拖曳至右侧区域中，如右图所示。

❷ 选择【标签图】模块，在右侧展开的【标签图】区域中单击【本地上传】按钮，如右图所示。

❸ 弹出【选择图片】对话框，选中要上传的图片，单击【上传图片】按钮，如右图所示。

❹ 单击【上传】按钮，如右图所示。

❺ 弹出【打开】对话框,选择要上传的图片,单击【打开】按钮,如右图所示。

❻ 弹出【选择图片】对话框,选中刚上传的图片,单击【确认】按钮,如右图所示。

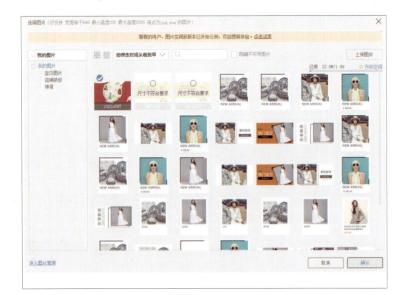

❼ 根据需要裁剪图片,裁剪完成后单击【保存】按钮,如右图所示。

> 提示:裁剪的宽度固定为640,不能改变,可以根据需要调整裁剪的高度,高度值在335~2500即可。

❽ 返回【店铺装修】页面，可看到添加的图片，在【标签图】区域中单击【编辑标签】按钮，如右图所示。

❾ 弹出【标签编辑器】对话框，选择【标签颜色】为【黑色】，输入宝贝标题"青花瓷"，单击【链接】按钮 ⌀，如右图所示。

❿ 弹出【链接小工具】对话框，选择相应的宝贝，单击【确定】按钮，如右图所示。

⑪ 在左侧图片中看到设置的标签效果,然后单击【添加标签】按钮,如右图所示。

⑫ 使用同样的方法新增两个标签。选中标签,单击【翻转标签位置】按钮 ⚠ 可转换标签的方向。设置完成后单击右上角的【完成】按钮,如右图所示。

⑬ 返回【店铺装修】页面即可看到设置的效果,在【标签图】区域中单击【保存】按钮,如右图所示。

⑭ 最后发布页面,即可完成【标签图】模块的创建,如右图所示。

15.6 设计模板任你挑——美颜切图

本节主要介绍"美颜切图"模块的应用,所谓美颜切图并不是指让图片变得美观,而是使得多张图片在排版上更加美观。制作美颜切图的方法有以下两种。

1.第一种是使用【本地上传】来制作

❶ 进入【卖家中心】页面,选择【店铺管理】→【店铺装修】选项,进入【页面管理】页面,选择【智能页】→【装修页面】选项,进入【店铺装修】页面,展开【图文类】列表,选择【美颜切图】模块,并将其拖曳至右侧区域中,如右图所示。

❷ 选中【美颜切图】模块，在右侧展开的【美颜切图】区域中单击【本地上传】按钮，如右图所示。

❸ 弹出【选择图片】对话框，选择要上传的图片，单击【确认】按钮，如右图所示。

❹ 根据需要对图片进行裁剪，裁剪完成后单击【保存】按钮，如右图所示。

❺ 返回【店铺装修】页面，可看到添加的图片，然后单击【添加热区】按钮，如右图所示。

❻ 弹出【热区编辑器】对话框，调整热区大小及位置，然后单击【链接】按钮 ⌘ ，如右图所示。

❼ 弹出【链接小工具】对话框，选择【宝贝链接】中的相应宝贝，然后单击【确定】按钮，如右图所示。

⑧ 返回【热区编辑器】对话框，可看到添加的链接，单击【添加热区】按钮，如右图所示。

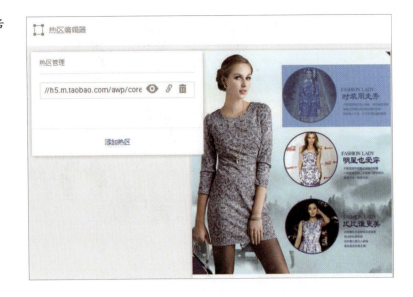

⑨ 使用相同的方法再添加两个热区，并为其添加对应的宝贝链接。设置完成后单击右上角的【完成】按钮，如右图所示。

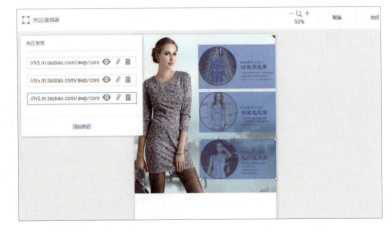

⑩ 返回【店铺装修】页面，在【美颜切图】区域中单击【保存】按钮，完成【美颜切图】模块的创建，如右图所示。

2.第二种是使用【在线制作】来制作

❶ 进入【卖家中心】页面，选择【店铺管理】→【店铺装修】选项，进入【页面管理】页面，选择【智能页】→【装修页面】选项，进入【店铺装修】页面，展开【图文类】列表，选择【美颜切图】模块，并将其拖曳至右侧区域中，如右图所示。

> 提示：将使用第一种方法制作的【美颜切图】模块删除。

❷ 选中【美颜切图】模块，在右侧展开的【美颜切图】区域中选择【在线制作】选项，如右图所示。

❸ 弹出【图像编辑器】对话框，可以根据需要选择合适的【模块】【风格】及【颜色】，然后选择一种合适的切图，在右侧的【图片】区域中，选择【编辑图片】→【通过商品选图】选项，如右图所示。

提示：也可以选择【编辑图片】→【更换图片】选项，从图片空间中选择合适的图片。

❹ 弹出【通过宝贝选图】对话框，选择一个宝贝，在下方【请选择宝贝头图】区域中选择一张图片，单击【确定】按钮，如右图所示。

❺ 更换图片，如右图所示。

❻ 使用同样的方法更换其他图片，效果如右图所示。

⑦ 在右侧【文本】区域中编辑图片中的信息，编辑完成后单击【立即使用】按钮，如右图所示。

⑧ 返回【店铺装修】页面即可看到制作的效果，单击【美颜切图】区域中的【添加热区】按钮，如右图所示。

⑨ 弹出【热区编辑器】对话框，为图片添加热区链接，然后单击右上角的【完成】按钮，如右图所示。

⑩ 返回【店铺装修】页面，在【美颜切图】区域中单击【保存】按钮，如右图所示。

⑪ 另外还可以使用【美颜切图】模块制作优惠券。再添加一个【美颜切图】模块，在右侧展开的【美颜切图】区域中单击【在线制作】按钮，如右图所示。

⑫ 弹出【图像编辑器】对话框，将【模块】设置为【优惠券】，根据需要选择优惠券的【风格】和【色彩】，然后在【模板库】列表中选择一种优惠券，在右侧的【文本】区域中可以根据需要对优惠券中的内容进行编辑，编辑完成后单击【立即使用】按钮，如右图所示。

⑬ 返回【店铺装修】页面，可看到添加的优惠券，在【美颜切图】区域中单击【添加热区】按钮，如右图所示。

⑭ 弹出【热区编辑器】对话框，为这三个优惠券热区添加相应的链接，然后单击右上角的【完成】按钮，如右图所示。

⑮ 返回【店铺装修】页面，在【美颜切图】区域中单击【保存】按钮，如右图所示。

⑯ 最后发布页面，完成【美颜切图】的制作。

15.7 承接多余的流量——承接页

当首页或详情页有流量进来的时候，肯定会产生二次转化，在这个时候，需要将多余的流量放到承接页上，即单独设计一个页面，把想要做活动的宝贝内容单独放在一个页面上，这个页面就称为承接页。承接页一般放在首页、自定义页面或者详情页中，流量主要从哪里来，就在哪里放置承接页，所以从广义上来讲，所有承接流量的页面都称为承接页。

❶ 进入【卖家中心】页面，选择【店铺管理】→【店铺装修】选项，进入【页面管理】页面，在左侧列表中选择【页面】→【自定义页】→【自定义页】选项，然后单击【新建页面】按钮，如右图所示。

❷ 弹出【新建页面】对话框，在【页面名称】文本框中输入名称，这里输入"春意来袭"，然后单击【确定】按钮，如右图所示。

❸ 新建页面,并自动跳转至【店铺装修】页面,选择【活动头模块】,在右侧展开的【活动头模块】中单击【本地上传】按钮,如右图所示。

❹ 弹出【选择图片】对话框,选择要上传的图片,单击【确认】按钮,如右图所示。

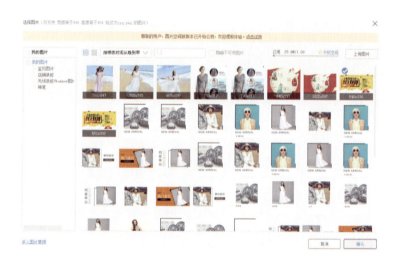

❺ 根据要求裁剪图片,裁剪完成后单击【保存】按钮,如右图所示。

提示:裁剪的宽度是640,高度是304,且不能更改。

❻ 返回【店铺装修】页面，可看到添加的图片，然后在【活动头模块】中单击【活动头链接】文本框右侧的【链接】按钮，如右图所示。

❼ 弹出【链接小工具】对话框，选择【店铺首页】按钮，单击【确定】按钮，如右图所示。

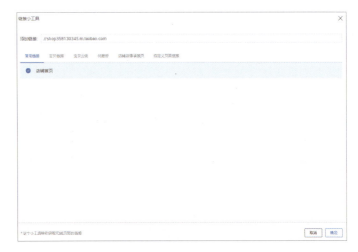

❽ 返回【店铺装修】页面即可看到添加的活动头链接，然后在【活动头内容】文本框中输入"春意来袭，全场8折，红包抢不停"，单击【保存】按钮，如右图所示。

❾ 展开【营销互动类】列表，选择【倒计时模块】，并将其拖曳至右侧的手机页面中，如右图所示。

提示： 自定义页面中的【倒计时模块】与首页中的不同，首页中的【倒计时模块】可以添加海报，而自定义页面中的只是一个倒计时的效果。

❿ 选中【倒计时模块】，在右侧展开的【倒计时模块】区域中设置【起始时间】和【结束时间】，设置完成后单击【保存】按钮，如右图所示。

⓫ 接着添加一个【智能单列宝贝】模块，在右侧展开的【智能单列宝贝】模块区域中根据需要进行设置，然后单击【保存】按钮，如右图所示。

⑫ 再添加一个【智能双列】模块，在右侧展开的【智能双列】区域中根据需要进行设置，如右图所示。

⑬ 还可以再添加【宝贝排行榜】等其他模块。设置完成后选择【发布】→【立即发布】选项发布页面，如下图所示。

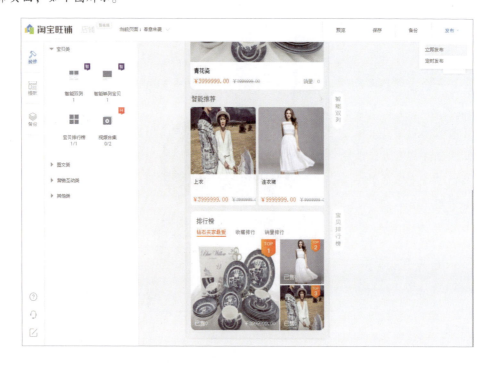

⑭ 单击【当前页面：春意来袭】下拉按钮，在弹出的下拉列表中选择【首页】→【智能页】选项，如右图所示。

⑮ 进入【店铺装修】页面，选中【倒计时模块】，在右侧展开的【倒计时模块】区域中单击【添加活动链接】文本框右侧的【链接】按钮 ∞，如右图所示。

⑯ 弹出【链接小工具】对话框，选择【自定义页面链接】→【春意来袭】选项，单击【确定】按钮，如右图所示。

⑰ 将前面自定义的活动页面链接到首页中。在【倒计时模块】区域中单击【保存】按钮,如下图所示。

⑱ 最后发布页面,完成承接页的制作。